厚德博學
經濟匡時

大学思政系列

工商管理类专业课程思政
教学指南

董 静 ◎ 主编

上海财经大学出版社
SHANGHAI UNIVERSITY OF FINANCE & ECONOMICS PRESS

上海学术·经济学出版中心

图书在版编目(CIP)数据

工商管理类专业课程思政教学指南 / 董静主编.
上海 : 上海财经大学出版社，2025.1. -- (匡时·大学思政系列). -- ISBN 978-7-5642-4486-6

Ⅰ. F203.9；G641

中国国家版本馆 CIP 数据核字第 2024AW1064 号

工商管理类专业课程思政教学指南

主　　编：董　静
责任编辑：李嘉毅
封面设计：贺加贝
出版发行：上海财经大学出版社有限公司
地　　址：上海市中山北一路 369 号(邮编 200083)
网　　址：http://www.sufep.com
经　　销：全国新华书店
印刷装订：上海颛辉印刷厂有限公司
开　　本：710mm×1000mm　1/16
印　　张：12.5(插页：2)
字　　数：196 千字
版　　次：2025 年 1 月第 1 版
印　　次：2025 年 1 月第 1 次印刷
定　　价：68.00 元

本书编委会

魏　航　董　静　李劲松　叶巍岭
许淑君　万君宝　朱　舟　李　眺
周　照　金雁南

本书主编

董　静

前　言

　　课程思政是高等教育落实立德树人根本任务的重要环节。基于专业的课程思政教学指南，则是对"培育什么人、如何培养人以及为谁培养人"这一根本问题的系统思考和顶层设计。

　　上海财经大学工商管理专业的课程思政建设工作始于 2018 年，先后有"管理学""战略管理""创业管理""市场营销学""人力资源管理""运营管理"等工商管理核心课程纳入校级课程思政示范课程建设，其中"战略管理"和"市场营销学"获评上海市课程思政示范课程，"组织行为学"获评上海市党史学习教育与课程相融合示范课程，"战略管理"获评教育部首届课程思政示范课程。此外，"商务分析基础""战略管理""市场营销"等课程获得校级课程思政教学案例奖。负责工商管理本科专业建设的商学院于 2019 年被纳入上海高校思政领航学院培育项目。在基于单门课程的思政建设和实践过程中，课程与课程之间以及课程与专业之间的关系引发了教师们的普遍关注和讨论。大家认识到有必要构建专业层面的课程思政教学指南，以推进课程层面思政教学的协调和统一，从整体上提升人才培养的质量和效果。本指南就是在深入理解新时代对工商管理本科人才培养需求的基础上，对工商管理类专业课程思政教学体系化建设的探索。

　　从建设理念上，本指南以习近平新时代中国特色社会主义思想为指导，深入贯彻全国高校思想政治工作会议和全国教育大会精神。以"三圈三全十育人"的综合改革框架为准绳，专业课程与思想政治理论课同向同行，形成协同效应，使所有课程都有育人功能，所有教师都承担育人使命，并且深入挖掘和拓展各门课程思想政

1

治元素,充分发挥各门课程的思想教育功能。

从建设思路上,本指南强调两个方面:一是专业思政教学指南应有助于从人才培养的整体目标和定位出发,实现课程思政的体系化和协调一致性;二是要以学习效果保障体系为路径来实现专业思政建设,使专业思政工作进一步落实落细,实现从建设、实施到评价的可持续改进。

从建设内容上,本指南主要包括以下内容:

第一,从立德树人根本任务出发,凝练工商管理专业思政目标与要素。坚持社会主义办学方向,落实立德树人根本任务,明确人才培养在思政方面的目标,培养符合新时代发展要求的社会主义建设者和接班人。结合前期课程思政建设经验和反馈,在广泛征集、审慎思考和讨论的基础上,优化人才培养在思政方面的定位,为工商管理类专业凝练有针对性、有特色的思政目标。

第二,以专业思政目标为导向,制定更科学、可量化的学习效果评估方法、措施与流程。在明确专业思政目标的基础上,将思政目标拆分为多个更为具体的思政要素,并将其转化为学习指标,把学习指标分配到具体的课程,建立起专业思政目标与课程目标之间的关联,最终形成课程思政图谱,使得教师更全面、更准确地理解专业思政与课程思政之间的关系。

第三,构建课程思政教学体系与实施路径。根据工商管理专业的特点,分析专业结构、课程体系、教学要求、教学特点,并从教学大纲、教学内容、教学方法和教材选用等多个方面提出课程思政的实施路径,尤其强调了师资队伍建设对课程思政实践的重要意义。

第四,以持续改进为原则,以学习效果保障体系促进专业思政不断深入。围绕专业育人、课程育人的根本目标,通过学习效果保障体系的建设,从课程层面和专业层面评价思政教学的效果。具体而言,应设法回答以下几个问题:学生在专业学习中学到了怎样的思想、理念、价值观? 期望学生形成怎样的思政素养? 学生是如何学习的? 怎么知道学生已经掌握和认同了专业思政的要素? 如果学生没掌握,应该如何做? 通过对每个学年及每个培养周期的评价,提出改进方案,以实现专业思政目标的优化、课程体系的完善、课程内容和教学方法的改善、基层教学组织的健全、资源支持的加强等。

　　第五,以工商管理专业思政目标和教学体系为指引,建设"管理学原理""战略管理""创业管理""市场营销学""人力资源管理""运营管理""组织行为学""商务分析基础""产业组织学"九门工商管理核心课程的思政教学指南,充分体现专业层面思政教学与课程层面思政教学的协同关系和体系化构建。课程层面的思政教学指南由以下内容构成:专业教学目标、课程思政特征分析、课程思政教学目标,各章节的专业教学目标、思政元素与相关知识板块、课程思政教学实施方案。

　　本指南的适用专业范围为工商管理类专业,包括但不限于企业管理专业、市场营销专业、人力资源管理专业、运营管理专业、商务分析专业、创新创业专业。本指南的形成源于上海财经大学工商管理专业的教师团队在课程思政教学实践领域的学习、讨论和思考,既体现了工商管理专业课程思政建设的共性特征,也具有上海财经大学在这一专业领域的个性实践和设计。为了更好地与兄弟院校的同行交流分享,特整理出版,希望大家能共同推进工商管理专业课程思政建设,落实立德树人根本任务,提升人才培养成效。

　　本指南共有十一章,由指南编委会合力完成。其中,董静老师负责总论和"战略管理",朱舟老师负责"人力资源管理",许淑君老师负责"运营管理",叶巍岭老师负责"市场营销学",万君宝老师负责"管理学原理",李劲松老师负责"组织行为学",周照老师负责"创业管理",金雁南老师负责"商务分析基础",李眺老师负责"产业组织学"。此外,教务秘书苏海红、胡琨丽、刘张雁三位老师也对本指南的编写在组织和协调上付出了大量辛勤劳动。同时,感谢出版社王芳老师在本指南出版过程中给予的支持和指导。

董　静

2024 年 10 月

目　录

第一篇

工商管理类专业课程
思政教学理论与
教学策略总论

第一章 工商管理类专业课程思政 教学指南概述

第一节 工商管理类专业课程思政 教学专业背景

一、概述

工商管理类专业主要以社会微观经济组织为研究对象,系统研究人类经济管理活动的基本原理、普遍规律、一般方法和技术。工商管理类本科专业具有较强的应用性,注重理论联系实际,旨在培养和训练学生的管理技能和决策能力;同时具有综合性,注重管理学与哲学、社会学、经济学、心理学等理论和方法的综合应用。工商管理类专业肩负着为国家经济社会发展、经济组织经营运作培养专业人才的重要使命,且专业涉及面广,人才培养体量大。服务国家发展重大需求,深入理解新时代对工商管理类本科人才培养的要求,编制工商管理类专业课程思政教学指南,用于指导工商管理类课程的专业教学,并为相近专业的教学提供参考。

二、适用专业范围

本指南适用于工商管理类专业,包括但不限于企业管理专业、市场营销专业、人力资源管理专业、运营管理专业、商务分析专业、创新创业专业等。

第二节　工商管理类专业课程思政
教育基本理念

工商管理类专业课程思政教育的基本理念,是根据专业特点构建更具全局性的思政育人体系。如果说课程思政是"点",那么专业思政就是"面"。从"面"上切入,系统思考专业层面的课程思政教育理念,主要有以下四点:

一、承担立德树人根本任务,培养德才兼备的工商管理人才

中共中央、国务院于 2020 年印发的《深化新时代教育评价改革总体方案》强调要全面贯彻党的教育方针,坚持社会主义办学方向,落实立德树人根本任务;强调要努力培养担当民族复兴大任的时代新人,培养德智体美劳全面发展的社会主义建设者和接班人。

工商管理类专业课程思政教学指南,要以"三圈三全十育人"的综合改革框架为准绳,积极探索"三面融合、双线提升、立体保障"的育人方案,各类专业课程与思想政治理论课同向同行,形成协同效应,使所有课程都有育人功能,所有教师都承担育人使命,深入挖掘并拓展各门课程的思想政治元素,充分发挥各门课程的思想政治教育功能。课程思政教学要从人才培养的整体目标和定位出发,实现课程思政的体系化和协调一致性。要从闭环建设的角度出发,实现从建设、实施到评价的可持续改进体系,切实保障人才培养德才兼备的良好结果。

二、强化学科特色,创新培养模式

由于不同院校在学科优势、学生构成、师资特点、所处经济社会发展环境上存在差异,因此工商管理类专业课程思政教学应因势利导、因地制宜,强调与学科特色的融合,强调人才培养模式和路径的创新。在促进学生德智体美劳全面发展的基础目标上,可以结合院校专业特色,突出实践应用能力培养、商务数据分析能力培养,或者国际化能力培养等。与特色相对应,积极创新培养模式和路径,如校企

合作课程开发、实践基地建设、研究项目导入、国际化课程与项目引入等。尤其要鼓励教师在教学方法上注重开拓创新,通过多种方式和载体的教学与培养,寓思政教学的精髓要义于多样化课堂教学中,在引人入胜、潜移默化中实现教育目标。

三、围绕国家战略,激发学生使命感与责任感

工商管理类专业具有与经济社会发展联系密切的显著特点,因此围绕国家战略,开展课程思政教学至关重要。通过选编反映中国特色的教学素材和优秀的中国企业案例,以潜移默化的方式,将思政教育与学生创新思维、战略思维、理性思维、系统思维及能力培养有机融合,引导学生树立正确的人生观和价值观。尤其重视将经济社会中正在发生的重大事件引入教学,将其中与工商管理密切相关的内容提炼出来,融入专业课程的内容设计中,在让学生掌握工商管理经典理论、知识、分析工具的同时,激发学生的使命感和责任感,与国家和民族同呼吸、共命运。在课程教学之外,设法对接国家战略需要,重视对实践培养环节的设计和实施,让学生在实践活动中深化认识、提升感悟、茁壮成长。

四、注重顶层设计,建立思政教学效果保障体系

工商管理类专业覆盖的二级专业和方向比较广,涉及的专业课程众多。要注重课程思政教学的顶层设计,以培养方案为抓手,实现专业层面的整体设计。将专业培养目标、课程体系、人才培养质量评价、师资队伍建设等要素有机整合起来。尤其要建立课程思政教学效果保障体系,通过方案设计、过程控制和评价改进,实现课程思政的可实施性和可衡量性,并通过闭环建设,实现可持续性改进。具体而言,首先,专业思政建设应从人才培养的整体目标和定位出发,实现课程思政的体系化和协调一致性。其次,以思政教学效果保障体系为路径来实现专业思政建设,将使专业思政工作进一步落实落细,实现从建设、实施到评价的过程控制。最后,以效果评价为关键节点,构建从方案到实施再到评价的循环体系,从关注"教"到关注从"教"到"学"的闭环系统,实现可量化、可测度的可持续改进体系建设。

第三节　工商管理类专业课程思政
建设目标

一、专业教学要求与课程思政建设目标

课程思政建设目标与专业教学要求的有机统一,是实现专业人才培养的关键。因此,在确定课程思政的建设目标时,需要综合考虑专业教学要求,使思政目标有效融入并引领专业教学目标。也就是说,专业教学要求是课程思政建设的基础。

根据《工商管理类专业教学质量国家标准》,工商管理类专业本科人才培养有知识、能力和素质三个方面的要求。

（一）知识要求

1. 基础性知识:学生须熟练掌握数学、统计学、经济学等基础学科的理论和方法。

2. 专业性知识:学生须系统掌握管理学、组织行为学、会计学、财务管理学、市场营销学、创业学等工商管理相关理论知识与方法,掌握本学科的理论前沿及发展动态。

3. 通识性知识:学生须选修管理学、社会学、心理学、法学、科学技术、语言文学、健康艺术、职业发展等方面的通识性知识。

（二）能力要求

工商管理类专业学生的能力结构包括知识获取能力、知识应用能力和创新创业能力三个方面。

1. 知识获取能力:能够运用科学的方法,通过课堂、文献、网络、实习实践等渠道获取知识;善于学习和吸收他人的知识,并构建自己的知识体系。

2. 知识应用能力:能够应用管理理论和方法分析并解决理论与实践问题。

3. 创新创业能力:具有较强的组织沟通能力和探索性、批判性思维能力,能不断尝试理论或实践创新。

（三）素质要求

工商管理类专业学生的素质结构包括思想道德素质、专业素质、文化素质和身心素质四个方面。

1. 思想道德素质：努力学习并掌握马克思主义、毛泽东思想和邓小平理论,树立辩证唯物主义和历史唯物主义世界观;拥护党的领导和社会主义制度,具有较强的形势分析和判断能力;具有良好的道德修养和社会责任感、积极向上的人生理想、符合社会进步要求的价值观念和崇高的爱国主义情怀。

2. 专业素质：具有国际视野,系统掌握工商管理类专业基础知识,具备发现组织管理问题的敏锐性和判断力,掌握创新创业技能,并能够运用管理学理论和方法,系统分析、解决组织的管理问题。

3. 文化素质：具有较高的审美情趣、文化品位、人文素养;具有时代精神和较强的人际交往能力;积极乐观地生活,充满责任感地工作。

4. 身心素质：具有健康的体魄和心理素质,具备稳定、向上、坚强、持久的情感力、意志力和人格魅力。

二、工商管理类专业课程思政的总体目标

围绕全面提高人才培养质量这一核心,工商管理类专业课程思政的总体目标是实现价值育人、知识育人、能力育人的有机统一;使学生通过以课程学习为主的第一课堂和以社会实践为辅的第二课堂,通过在大学中的系统学习和发展,实现德智体美劳的全面提升;将来为国家经济社会发展、为国家重大战略需要服务时,具备正确的政治观和价值观,具有良好的思想觉悟和道德品格,具备过硬的专业素养和专业能力。

为此,工商管理类专业课程思政的总体目标设定如下：培养践行社会主义核心价值观,具有社会责任感、公共意识和创新精神,适应国家经济建设需要,具有人文精神与科学素养,掌握现代经济管理理论及管理方法,具有国际视野、本土情怀和创新意识的工商管理类专业人才。

三、工商管理类专业课程思政的具体目标

由于工商管理类专业人才培养的知识要求、能力要求、素质要求的覆盖面较

广,因此可以纳入本专业课程思政建设的思政元素有很多。例如:坚持正确的政治立场和思想认识;拥护中国共产党、热爱祖国;能践行社会主义核心价值观;具备强烈的家国情怀;具有社会责任感和使命感;具有全球视野;具有创新能力和创新精神;具有严谨的科学素养;具有职业素养;具有实践意识和劳动意识;具备良好的人文素养和文化底蕴;等等。

根据《关于深入推进上海高校课程思政建设的实施意见》,经济管理类专业的课程思政要"坚持以马克思主义为指导,帮助学生了解相关专业和行业领域的国家战略、法律法规和相关政策,培养学生经世济民、诚信服务、德法兼修的职业素养"。

综合考虑工商管理类专业的专业特点和知识与能力结构,本指南提出以下课程思政具体目标:以坚持正确的政治立场、拥护中国共产党、热爱祖国、能够践行社会主义核心价值观为基本前提,工商管理类专业课程思政教学的核心思政目标由五大部分构成,分别为社会责任、家国情怀、共同体理念、科学精神、法治精神。五大部分又分别由三个二级目标构成,具体如下:

社会责任:具备管理伦理意识,具有社会责任感,具有公民意识。

家国情怀:关注国情与民生,熟悉中国管理文化与思想,坚定文化自信。

共同体理念:具有共同发展理念,关注中国的全球化,了解国际最佳实践。

科学精神:具有科学管理精神,具备客观理性精神,具有创新创造与企业家精神。

法治精神:合法合规,公平正义,诚信敬业。

对于上述思政元素的详细诠释,请参阅本指南第二章。

第四节　工商管理类专业课程思政教学体系

一、工商管理类专业的结构与教学要求

从专业范围界定来看,工商管理类专业主要以社会微观经济组织为研究对象,系统研究人类经济管理活动的基本原理、普遍规律、一般方法和技术。从专业构成来看,工商管理类专业包含多个二级专业或方向,在教学上还需体现不同专业和方

向在人才培养上的特殊需要。工商管理类专业具体包含工商管理专业、市场营销专业、人力资源管理专业、会计学专业、财务管理专业、国际商务专业、运营管理专业等。不少院校还在具体专业下设特色方向,如战略与创新创业方向、商务分析方向等。不同专业和方向在人才培养与专业教学上的特殊要求举例如下:

工商管理专业战略与创新创业方向:强调经济学基础,突出管理知识与技能、战略分析和创新创业能力的培养,注重管理科学方法、商务分析方法和数据处理技术在管理学和企业管理实践中的应用,重视先进管理思想、管理理论和管理实践的教学,以"基于通识、交叉与个性化培养的创新人才培养模式"为基本理念,推进学生个性化培养,旨在为人才成长、经济发展和社会进步作出贡献。战略与创新创业方向旨在培养能够践行社会主义核心价值观,具有全球视野、民族精神、经世济民、诚信服务、德法兼修的职业素养,掌握先进管理思想和管理理论,了解企业经营管理实践,具备创业能力和独立解决问题的能力,具备扎实的商务分析能力,能适应全球化竞争,具有卓越创新能力和领导力的工商管理人才。

工商管理专业商务分析方向:培养学生成为工商管理、商业分析和数据分析技术多方面能力突出的复合型人才。商务分析方向旨在培养具有全球视野、民族精神、经世济民、诚信服务、德法兼修的职业素养,兼具商科知识、数学、统计、计算机科学知识,并能熟练运用数据科学和统计方法于实际商业问题分析的综合能力拔尖的优秀人才,使其成为具备卓越数据分析能力和敏锐商业洞察力,拥有全球化视野、创新精神、团队合作和社会实践能力,德才兼备的商务分析精英。

人力资源管理专业:强调创新思维在培养人力资源管理专业本科生过程中的基础地位,强调商务分析方法和数据处理技术在管理学和人力资源管理实践中的应用,强调"厚基础、宽口径"的教学思想,重视人力资源管理理论和先进实践的教学。人力资源管理专业旨在培养能够践行社会主义核心价值观,具有全球视野、民族精神、经世济民、诚信服务、德法兼修的职业素养,熟悉我国国情,掌握管理思想体系和现代人力资源管理理论,通晓现代人力资源管理实务,具备人力资源管理素养与能力,具备扎实的商务分析能力,能适应全球化竞争,具有卓越创新能力和领导力的工商管理人才。

市场营销专业：基于"复合型、外向型、创新型"的人才培养规格，以促进学生"素质、知识、能力、体格"的全面发展，强调经济学理论在管理学和市场营销中的基础地位，强调计量经济学方法和数据处理技术在管理学、企业管理实践和市场营销中的应用，强调"厚基础、宽口径"的教学思想，重视先进市场营销思想和市场营销理论的教学，以"基于通识、交叉与个性化培养的创新人才培养模式"为基本理念，推进学生个性化培养，旨在为人才成长、经济发展和社会进步作出贡献。本专业旨在培养能够践行社会主义核心价值观，具有全球视野、民族精神、经世济民、诚信服务、德法兼修的职业素养，掌握先进市场营销理论，通晓企业营销管理实务，具备市场分析与营销策划能力，具备扎实的商务分析能力，能适应全球化竞争，具有卓越创新能力和领导力的未来商业领袖。

国际商务专业：着眼于全球化趋势下跨国公司的管理，强调经济学理论与管理学的结合，特别是与国际经济学和跨国公司经营管理学的结合，重视先进国际商务理论和实践的教学，强调一般管理理论在跨国公司管理中的应用，推进学生多元化和个性化的培养，旨在为国家人才建设、经济发展和社会进步作出贡献。本专业旨在培养具有全球视野和民族精神，掌握先进管理思想和管理理论，通晓跨国商业运作实务，具备从事跨国企业管理和运作的知识和技能，富有创造力、决断力及组织力，素质、知识、能力、体格全面发展，德法兼修的复合型、外向型、创新型的国际化管理人才。

二、工商管理类专业的教学特点

在"立德树人"根本任务的指引下，工商管理类专业的教学需要通过第一课堂与第二课堂的互动，通过课堂教学和实践教学，运用案例教学、模拟教学、研究项目、创新创业项目等，以多层次、多途径、多载体的教学形式，实现思政育人的教学目的。

（一）课堂教学

课堂教学除了运用课堂讲授方式将思政元素融入专业知识外，还应广泛采用有助于课程思政的其他教学方式。就工商管理类专业而言，最适合的是案例教学法，将蕴含价值育人目的的典型案例引入课堂教学，用生动的事实引发学生思考，在运用专业知识分析和讨论案例的过程中,使思政元素入脑入心。除此以外,研讨式教学、问题导向与解决式教学、文献综述、研究报告、小组讨论、主题辩论等鼓励学生探究和参与的教学方式,也是课程思政开展的有效教学形式。特别鼓励教师将工商管理领域的国际前沿学术发展、最新研究成果、国内外新近发生的管理现实案例融入课堂教学,注重培养学生的批判性和创造性思维,激发学生的研究兴趣和对现实问题的关注。

从课程思政的角度出发,课堂教学应积极吸引社会资源,如校企合作开发课程、实践教学和移动课堂等,通过现实带入和沉浸式教学,激发学生学以致用、经世济民的奋斗热情。此外,还应根据专业特色和发展方向,积极开发跨学科专业的新兴交叉课程,探索建立跨院系、跨学科、跨专业交叉培养工商管理人才的新机制。例如,工商管理与理学的交叉课程有助于提高学生的科学素养和理性精神,工商管理与法学的交叉课程有助于提高学生的法治精神等。

(二)实践教学

课堂之外的实践教学具有多种形式,主要包括实训实验、社会实践、实习和毕业论文。实践教学是课程思政的重要载体。

1. 实训实验

工商管理类专业教学需要建立充分可用的实验室、实践教育基地、实训基地,开发实验和实训课程。实验和实训课程,按照从理论学习、感性认识到体验创新的方式进行,可以提高学生理论结合实际的能力,增强学生的动手能力和分析能力,有助于学生科学精神的培养。在具体实施方式上,既可以嵌入相应的课程教学,也可以单独作为一项训练来实施,以保证实验教学的灵活与方便。

2. 社会实践

各专业应根据思政建设目标,有针对性地组织社会实践活动。社会实践包括社会调查、公益活动和创新创业实践等。围绕国家重大战略领域开展的社会调查工作,对培养学生的家国情怀具有非常积极的意义。例如,上海财经大学开展了十多年的"千村调查"社会实践活动,每年都有上千名本科生深入中国农村,围绕农民创业、农村金融、农村社保等重要主题开展调查研究,具有十分显著的社会意义和育人作用。各类公益活动的组织,有助于培养学生的社会责任感和奉献精神。创新创业实践项目则特别有助于培养学生的创新精神和创业意识,如"挑战杯""创青春""互联网＋"等在国家层面和地方层面开展的创新创业项目大赛活动,涌现了不少前沿的创新创业项目,激发了学生的创新创业热情,丰富了学生的创新创业知识和体验,提升了学生的创新精神和创业能力。

3. 实习

实习是工商管理类各专业学生培养环节中的必要一环。实习可分为认知实习和专业实习。认知实习是指组织低年级学生进行参观学习,以获取各自专业领域的感性知识和实践认知,巩固和进一步理解所学理论。专业实习是指高年级学生在完成大部分专业课学习任务的基础上,进入企事业单位进行实际操作练习,使学生了解各自领域管理活动的主要内容和基本规则,运用专业知识对现实问题进行综合性的研究,并试图提出解决方案。专业实习通常持续时间较长,是学生毕业并走向工作岗位前的一次最为充分的与工商管理实践接触的机会,对于培养学生的国情意识、了解企业实际、理解经营管理中的法律法规具有重要意义。

4. 毕业论文

工商管理类专业的毕业论文,从选题到研究方法都是思政育人的重要途径。应引导学生选择涉及国家重大战略、具有现实意义的论文研究主题,并通过论文写作方法指导、论文研究过程辅导,让学生深入理解科学精神和客观理性精神,用创新精神探索并研究问题。在毕业论文的形式上,应鼓励学生采取以学术研究论文为主,案例研究、调查研究、实验研究等为辅的多种形式的毕业论文。在毕业论文工作中,尤其要培养学生遵守学术道德和学术规范。

三、工商管理类专业的课程体系

课程是实现专业思政的基础和主要抓手。工商管理类专业课程体系包括通识教育课程、学科平台(基础)课程、专业必修课程、专业选修课程和个性化培养课程等。以上海财经大学工商管理专业为例,基本的课程与学分结构如表 1－1 所示。

表 1－1　　　　　　　　　　　工商管理类专业学分分配表

课 程 类 别		学　分		占总学分百分比	
必修课	思想政治理论与通识教育课	52	85	33.77%	55.20%
	学科平台课	14		9.09%	
	专业课	19		12.34%	
	个性化培养	0		0.00%	
选修课	通识教育	18	42	11.69%	27.27%
	学科平台课	9		5.84%	
	专业课	6		3.90%	
	个性化培养	9		5.84%	
第二课堂、毕业实习和毕业论文		27	27	17.53%	17.53%
毕业要求合计		154		100%	

（一）思想政治理论课

这类课程以牢固树立社会主义核心价值观、促进学生德智体美劳全面发展为目标。按照相关规定，具体课程包括中国近现代史纲要、马克思主义基本原理概论、形势与政策、军事理论、思想道德修养与法律基础、毛泽东思想和中国特色社会主义理论体系概论Ⅰ、毛泽东思想和中国特色社会主义理论体系概论Ⅱ。

（二）通识教育课程

以全面提升学生基础素质，培育人文科学艺术素养，培养学生探索性、批判性思维能力为目的，开设的通识模块课程。通常有哲学、社会学、心理学、法学、科学技术、语言文学、健康艺术、职业发展等方面的通识性课程，具体包括以下几个类别：(1)经典阅读与历史文化传承；(2)哲学思辨与伦理规范；(3)艺术修养与运动健康；(4)经济分析与数学思维；(5)社会分析与公民素养；(6)科技进步与科学精神；(7)语言与跨文化沟通。

（三）学科平台（基础）课程

对工商管理类专业而言，可以设置学科平台或基础类课程，这类课程在通识类课程与专业类课程之间发挥桥梁作用，如中级微观经济学、计量经济学、经济法概论、管理运筹学、公司金融、投资学、博弈论与信息经济学、金融机构与金融市场。

（四）专业课程

工商管理类专业课程以系统掌握工商管理领域的专业理论知识与方法，掌握本学科的理论前沿及发展动态为目的设置。工商管理类专业核心课程包括管理学、战略管理、会计学、财务管理学、人力资源管理、市场营销学、公司治理、运营管理等课程。工商管理类专业需要根据自身办学定位与特色，参照专业核心课程，设置专业必修课程与学分；同时，可以根据专业必修课程体系，设置专业选修课程体系与学分修读要求，根据需要设置课程模块供学生选择修读。注重学生均衡知识结构的形成。在各个具体专业或方向上通常有如下课程：

战略与创新创业方向：商业模式、战略模拟、创新管理、创业学、创业领导力等课程。

市场营销专业：消费者行为学、市场调研、营销战略、营销工程、品牌管理、定价策略、网络营销等课程。

人力资源管理专业：组织行为学、绩效评价、薪酬管理、人力资源规划等课程。

国际商务专业：国际商法、跨国公司管理、国际标准、国际投资、国际营销、商务沟通等国际化经营管理相关课程。

商务分析方向：软件语言编程、数据库管理、大数据技术等工具类课程，机器学习、系统仿真方法、管理运筹学、深度学习等方法类课程，商业分析基础、商业数据分析实践、数据可视化等实践应用与操作类课程。

（五）个性化培养课程

各个院校根据自身特色和发展定位，可以设置工商管理类个性化培养课程，具体包括：交叉复合型课程，如工商管理与法学交叉课程；特定能力培养型课程，如围绕专业技能和劳动技能开设的实践操作型课程；等等。

第五节　工商管理类专业课程思政教学实施

专业层面的课程思政主要建立在课程基础上。在工商管理类专业课程育人的核心思政元素指引下,充分挖掘各门课程的思政教学元素和思政教学实现方式,注重各门课程之间的相互连接和相互配合,构建全面覆盖、层次递进、相互支撑的课程思政体系,并且以丰富的教学形式实现"润物细无声"。在落实课程思政教学时,主要从以下几个方面展开:教学大纲设计、教学内容与教学方法设计、教材选用、课程思政师资队伍建设。

一、教学大纲设计

根据工商管理类专业人才培养总体目标和课程思政建设目标,结合特定专业课程的属性和内容特点,设计课程层面的思政元素,并与课程知识点和知识结构相融合,明确思政元素在教学中的实现途径,系统体现在教学大纲设计中,形成可操作的教学计划。

二、教学内容与教学方法设计

专业教学与思政教学是有机的整体,不可割裂为两个部分,不可生硬地将思政内容嫁接到专业教学中。应充分挖掘工商管理类专业中丰富的思政育人内容,将思政教学元素有效融入专业教学内容,并通过生动活泼的教学方法,将价值引导贯穿知识传授与能力培养,潜移默化地提升学生的思想觉悟和政治修养。例如,在"管理学"的管理思想史梳理部分,引入对中国传统管理思想的介绍和分析,通过对典籍的推荐阅读和管理思想实践的案例剖析,增强学生的文化自信;在"战略管理"的企业使命、愿景与目标分析部分,引入对社会责任和管理伦理的讨论,通过对典型案例的深入讨论,解释社会责任担当对企业行稳致远的重要意义。

课程思政的教学内容和教学方法从现有的教科书中通常难以获得,需要任课教师以及课程组团队充分发挥主观能动性,有针对性地备课,不断提炼课程思政元素,收集可以支撑课程思政的教学素材,并探索有效的教学方式。

三、教材选用

在专业课教学上应优先选用马克思主义理论研究和建设工程(以下简称"马工程")教材。如果暂时没有马工程教材可用,则选择能够实现思政育人目标的高质量、高水平的教材。所选用教材首先要符合政治正确的要求,在专业知识准确、系统、丰富的基础上,还应体现积极正面的价值观和世界观,传递科学精神与人文关怀。

四、课程思政师资队伍建设

(一)对师资团队的基本要求

工商管理专业的课程思政师资团队,首先要满足国家对师德师风的要求,具有坚定正确的政治方向,热爱祖国,拥护中国共产党的领导;其次要有立德树人的信仰,通过学习不断提高自身的政治理论素养;最后要有较高的学术水平、科研能力和教学能力,要有扎实的专业基础和职业道德。

在聘请经验丰富的企业家、创业者、管理者、投资人等来自各行各业的校外优秀人才担任专业课程的教学任务或者演讲时,也应首先考察其政治素养和道德水平。

(二)师资团队的建设机制

1. 院校层面的师资团队建设机制

在学校或学院层面建立课程思政工作小组,党政领导共同参与,确保课程思政工作能够融入学校和学院立德树人的整体规划,将专业建设与课程思政建设有序且紧密结合起来,将专业课程与思想政治理论课协同起来,同向同行,统筹课程思政开展过程中所需资源的支持。

在学校和学院层面加强对先进团队和课程的宣传报道。扩大先进团队和课程的影响力,在教师中形成正向的引导效应,在学校和学院内营造积极参与课程思政的浓厚氛围。将课程思政建设作为教师考核的一项重要指标,对于表现突出的教师在评奖评优、绩效考核等方面给予支持。

构建思政能力与教学能力双线提升的师资建设体系。依托有序的组织机制和制度建设，从师风师德建设、教学能力建设、教学团队建设等多方面协助教师实现思政能力与教学能力的双线提升。

2. 专业层面的师资团队建设机制

以系、党支部、课程组为依托，针对课程思政教学中存在的疑点和难点，以专题讨论、党支部活动、集体备课等方式，按时按需组织教师开展理论学习和专项讨论，通过文件精神学习和经典著作研读来提高站位，通过课程思政的思政元素与思政教学方式研讨来增强课程思政教学能力。积极组织和参与高质量的课程思政师资培训和教学论坛。积极申报校级、省部级乃至国家级课程思政示范课程及教学团队建设项目。以点带面，群策群力，提升课程思政教学水平。

第六节　工商管理类专业课程思政教学评价

课程思政教学评价的关键是围绕立德树人根本目的，评估人才培养质量。课程思政的教学评价有两个层面：一是课程层面的育人效果，二是专业层面的育人效果。

一、课程层面的教学评价

（一）评价标准

围绕课程确定的思政教学目标和思政元素，对思政教学目标达成度、教师胜任度以及学生学习效果进行评价。具体的评价载体包括个人作业、团队作业、案例分析、小测试、期末考试、小论文等，其中能体现学生对思政教学中的政治方向、价值观、社会责任、法治精神、科学精神、创新精神等思政元素的理解和掌握程度。此外，还应以期末学生评教、督导组听课等方式对教师思政教学的胜任程度进行评估。

对于实践教学、毕业论文等第二课堂中所包括的专业思政培养与教育环节,也应建立思政育人效果评价标准,包括对实践项目在学生家国情怀、劳动能力、奉献精神、社会责任等思政育人关键点上培养效果的评价,以及对毕业论文在学生关注国家重大战略问题、攻坚克难精神、科学精神、创新精神等思政育人关键点上培养效果的评价。

（二）评价机制

课程和培养环节层面的课程思政效果评价,要建立规章制度和监督评价机制,以实现动态、有效的实施、监督与评价。

规章制度:建立对教学大纲、教学内容、学习效果评估、实践项目设计、论文设计等课程和培养环节中有关课程思政和专业思政的明确要求,并建立和完善上述基本教学文件的梳理和系统存档;建立并完善教师和教学管理人员在立德树人、课程思政工作中的责任制度;建立课程思政教学督导和监控评价的管理办法。

监督评价机制:通过课程组、专业（方向）、学院、学校层面的教学督导机制、评教机制、评学机制、评管机制、反馈机制和改进机制等来保障课程思政教学的实施、评价和持续改进。

二、专业层面的教学评价

（一）评价标准

专业层面的课程思政教学评价,关键是建立课程思政学习效果保障体系。

首先,从专业层面,落实立德树人根本任务,明确人才培养在思政方面的目标,将思政目标拆分为多个更为具体的思政要素,并将其转化为学习指标,再将学习指标分配到具体的课程,建立起专业思政目标与课程目标之间的关联,最终形成课程思政图谱,使得教师更全面、准确地理解专业思政与课程思政之间的关系。

其次,效果评价要实现从"以教师为中心"向"以学生为中心"转变。围绕专业育人、课程育人的根本目标,通过学习效果保障体系建设,设法回答以下几个问题:学生在专业学习中学到了怎样的思想、理念、价值观? 期望学生形成怎样的思政素养? 学生是如何学习的? 怎么知道学生已经掌握和认同了专业思政目标? 如果学生没掌握,应该如何做? 希望通过每一轮改进,实现专业思政目标的优化、课程体系的完善、课程内容和教学方法的改进、基层教学组织的健全、资源支持的加强等。

最后,从操作角度来看,按流程和周期进行数据和信息的收集、统计,分析评估结果,分析学生专业思政的学习效果,并及时反馈至专业负责人、各课程负责人,从专业层面和课程层面形成可持续改进报告,围绕专业思政的人才培养目标实施持续改进。在具体评估中,可以采取直接评估与间接评估相结合的方式。直接评估采用的评分工具包括课程嵌入式检测(如案例分析、情景模拟、课堂演讲、论文报告、期末考试等)、独立检测(如学位论文、创新创业项目、竞赛项目等),间接评估采用的评分工具包括学生学习满意度调查、校友调查、雇主调查、学生职业发展调查等。专业角度的课程思政教学效果评价,关键是看是否成功培养了符合新时代发展要求的社会主义建设者和接班人,以及与此相对应的学生自身和用人单位的满意度。

（二）评价机制

专业层面的课程思政教学评价要特别注重顶层设计和过程控制,通过教学督导、评价制度和学习效果保障体系建设来实现课程思政体系的可实施和可衡量。如果说课程思政评价是"点",那么专业思政评价就是"面"。从"面"上切入,系统思考专业建设方案,统摄课程思政的"点",突出全局性,并实现全面建设和落实。

可持续改进的专业思政评价体系,以学习效果评价为关键节点,构建从方案到实施再到评价的循环体系,从关注"教"到关注从"教"到"学"的闭环系统,以实现可量化、可测度的可持续改进体系建设,实现专业思政建设的突破。

从评价机制上,以专业思政目标为导向,制定更科学、可量化的学习效果评估方法、措施与流程。建立具体的部门或者团队来组织和实施专业层面的课程思政评价。以院、系、所为载体设置课程思政评价委员会等组织机构,形成职责明确、全员参与、分工协作、持续改善的评价组织系统和程序。

第二章　工商管理类专业课程思政核心元素及其诠释

第一节　工商管理类专业课程思政核心元素

工商管理类专业各课程中蕴含着丰富的思政元素，为更好地帮助教师整理、提炼和理解这些课程思政元素，本指南将工商管理类专业教学的课程思政元素归纳总结为五个维度，每个维度又提炼出三个二级思政元素指标。该体系的具体构成与维度诠释如表2-1所示。

表 2-1　　　　　　　工商管理类专业课程思政元素的维度体系

一　级　指　标	二　级　指　标
社会责任	具备管理伦理意识
	具有社会责任感
	具有公民意识
家国情怀	关注国情与民生
	熟悉中国管理文化与思想
	坚定文化自信

续表

一 级 指 标	二 级 指 标
共同体理念	具有共同发展理念
	关注中国的全球化
	了解国际最佳实践
科学精神	具有科学管理精神
	具备客观理性精神
	具有创新创造与企业家精神
法治精神	合法合规
	公平正义
	诚信敬业

第二节　工商管理类专业课程思政核心元素的诠释

一、社会责任

（一）含义

社会责任是指一个组织对社会应负的责任。一个组织应以一种有利于社会的方式进行经营和管理。社会责任通常是指组织承担的高于组织自身目标的社会义务。如果一家企业不仅承担了法律上和经济上的义务，而且承担了"追求对社会有利的长期目标"的义务，我们就说该企业是有社会责任的。

社会责任包括企业环境保护、社会道德以及公共利益等方面，由经济责任、持续发展责任、法律责任和道德责任等构成。这里不仅指企业责任，而且有其他的社会责任。

（二）二级指标

1. 具备管理伦理意识

管理涉及伦理、道德和规范。掌握管理伦理的构成与内涵，了解当前社会管理伦理的新发展和新要求，结合实践，深刻理解管理伦理对于管理的重要性，激发和巩固学生的管理伦理意识。

2. 具有社会责任感

掌握社会责任的构成与内涵，理解社会责任在经济社会发展过程中的重要作用，理解企业等经济组织通过承担社会责任所创造的社会价值及其对企业、国家和社会的意义，使学生关注社会利益，勇于担当，具备社会责任感。

3. 具有公民意识

充分理解公民作为国家主体和社会主体，时刻要以国家和民族利益为重，自觉维护国家荣誉、利益和安全，必须履行对于国家和社会应尽的责任和义务，树立权利和义务不可分离的观念。明确企业也是公民，需要将社会基本价值与日常商业决策和实践相结合，使学生具备全面的公民意识。

二、家国情怀

（一）含义

家国情怀，是中华优秀传统文化的基本内涵之一。所谓"家国情怀"，是主体对共同体的一种认同，并促使其发展的思想和理念。其基本内涵包括家国同构、共同体意识和仁爱之情；其实现路径强调个人修身、重视亲情、心怀天下。它既与行孝尽忠、民族精神、爱国主义、乡土观念、天下为公等传统文化有重要联系，又是对这些传统文化的超越。家国情怀在增强民族凝聚力、建设幸福家庭、提高公民意识等方面都有重要的时代价值。

习近平总书记在 2018 年北京大学师生座谈会上的讲话曾提到"要时时想到国家，处处想到人民，做到'利于国者爱之，害于国者恶之'"；在 2019 年纪念"五四运动"100 周年大会上指出"对于每一个中国人来说，爱国是本分，也是职责，是心之所系，情之所归"；在 2020 年纪念中国人民抗日战争暨世界反法西斯战争胜利 75 周年座谈会上的讲话中提出"爱国主义是我们民族精神的核心，是中国人民和中华民族同心同德、自强不息的精神纽带"。

（二）二级指标

1. 关注国情与民生

爱国情感内化于心，外化于行。热爱祖国，关注国家发展的历史、现状与未来。了解国家谋求发展和人民追求幸福的过程中面临的重大挑战和机遇，并运用专业知识进行分析和思考，学以致用，为实现中华民族伟大复兴而奋斗。

2. 熟悉中国管理文化与思想

了解并学习中华传统文化、革命文化、现代文化中特有的中国管理文化思想和实践。认同并能传承与发展中国管理文化的内涵和外延。

3. 坚定文化自信

文化自信是一个民族、一个国家对自身文化价值的充分肯定和积极践行，并对其文化的生命力持有的坚定信心。通过客观分析和理解中国管理文化与实践取得的成就，从内心深处认同国家的思想文化和社会制度，树立高度的文化自觉和文化自信，弘扬民族精神，厚植家国情怀。

三、共同体理念

（一）含义

"人类命运共同体"旨在追求本国利益时兼顾他国合理关切，在谋求本国发展中促进各国共同发展。人类只有一个地球，各国共处一个世界，要倡导"人类命运共同体"意识。"人类命运共同体"这一全球价值观包含相互依存的国际权力观、共同利益观、可持续发展观和全球治理观。

（二）二级指标

1. 具有共同发展理念

共同发展理念包括人与自然生命共同体、中华民族共同体以及人类命运共同体。深刻理解构建人与自然命运相连、和谐共生、协调发展的新格局。充分认知中华民族共同体是一个历史共同体、命运共同体、发展共同体和未来共同体，要形成多民族、多地域守望相助的中华民族大家庭。深入体会高举和平、发展、合作、共赢旗帜,积极营造良好外部环境,推动构建新型国际关系和人类命运共同体。

譬如,就"共同富裕"来说,实现共同富裕不仅是经济问题,而且是关系党的执政根基和民心所向的重大政治问题。共同富裕是中国共产党人始终如一的根本价值取向。党的历代领导人高度重视共同富裕,对此均有深刻的论述:毛泽东首倡"共同富裕",带领全国人民走上社会主义的大同之路;邓小平提出"贫穷不是社会主义",共同富裕是社会主义的本质特征,鼓励一部分地区、一部分人先富起来,先富带动、帮助后富,最终达到共同富裕;江泽民强调"兼顾效率与公平",在社会主义现代化建设的每一个阶段都必须让广大人民群众共享改革发展成果和发展红利;胡锦涛突出"以人为本""科学发展",有关重要论述更加注重社会公平;习近平总书记深刻指出,"消除贫困、改善民生、实现共同富裕,是社会主义的本质要求,是我们党的重要使命"。

2. 关注中国的全球化

当代中国与世界的关系发生了历史性变化,中国的前途和命运日益紧密地与世界的前途和命运联系在一起。理解中国与世界的关系,对中国和世界的发展都意义重大。理性分析和理解中国的全球化,不断加深对中国与世界关系的认识,思考和探索中国与世界的良性互动。

3. 了解国际最佳实践

具备国际视野,放眼全球,了解全球最佳企业管理实践。植根中国,思考国际经验如何与中国管理实际相结合,思考如何与国际企业实现竞争与合作。以开放的心态和包容的理念,学习和传播最佳管理实践,推动管理水平和管理能力的提升与发展。

四、科学精神

(一)含义

科学精神,是指科学实现其社会文化职能的重要形式。科学文化的主要内容包括自然科学发展所形成的优良传统、认知方式、行为规范和价值取向,集中表现在:主张科学认识来源于实践,实践是检验科学认识真理性的标准和认识发展的动力;重视以定性分析和定量分析作为科学认识的一种方法;倡导科学无国界,科学是不断发展的开放体系,不承认终极真理;主张科学的自由探索,在真理面前一律平等,对不同意见采取宽容态度,不迷信权威;提倡怀疑、批判、不断创新进取的精神。

科学精神就是实事求是、求真务实、开拓创新的理性精神,可以基本概括为批判和怀疑精神、创造和探索精神、实践和探索精神、平权和团队精神、奉献和人文精神。

（二）二级指标

1. 具有科学管理精神

注重管理学科中的科学精神和科学训练,求真、求实。学习并掌握科学的方法论、技术和工具,与时俱进,以科学的方法和手段解决管理问题。

2. 具备客观理性精神

理解管理学科的基本规律和客观真理,认识人与人、人与物、物与物、组织与组织、组织与个体等管理中主要关联关系的互动规律与模式,以客观和辩证的理念思考和理解管理理论与管理实践。

3. 具备创新创造与企业家精神

勇于探索、勇于创新,在学习和实践过程中敢于迎接挑战,提出创新的思想,尝试创新的解决方案。敢于批评,勇于反思,以求真的精神开拓理论与实践。具有企业家精神,勇于承担风险、突破创新,推动国家与社会发展。

五、法治精神

（一）含义

"法治精神"的内涵丰富而精辟,主要包括善治精神、民主精神、人权精神、公正精神以及和谐精神。

善治精神:提高依法行政水平,善于运用法律、法治手段解决经济社会发展中的热点、难点问题,依法促进民生问题的解决,确保依法治国基本方略的深入实施。

民主精神:扩大社会主义民主,更好地保障人民的权益。公民政治参与有序扩大。全社会法治观念进一步增强,法治政府建设取得新成效。基本民主制度更加完善。

人权精神:一切权力属于人民,并由人民依法行使。坚持公民在法律面前一律平等,维护法治的统一、尊严、权威。尊重和保护人权。

公正精神:从法律建设、制度建设、政策手段、工作方式等方面,依法建立以权利公平、机会公平、规则公平、分配公平为主要内容的社会公平保障体系,实现社会公平正义。

和谐精神:现代法治的要义在于建立一个自由而有序的和谐社会,实现国家的有效治理。要充分运用法律、法治的规范和治理功能,化解矛盾和纠纷,促进社会和谐发展。

（二）二级指标

1. 合法合规

具有法治意识,能辨识和理解专业领域的法律法规问题,并以合法合规为底线,认识和运用专业知识。充分理解合法合规对于企业生存发展、经营管理的关键意义。

2. 公平正义

理解公平正义就是社会各方面的利益关系得到妥善协调,人民内部矛盾和其他社会矛盾得到正确处理,社会公平和正义得到切实维护与实现。理解公平正义所内含的规则平等、程序合理、机会公平、程序公平、分配公平以及社会正义、政治正义和法律正义。深入思考如何借助管理的思想理念和方式方法构筑一个公平正义的社会,使学生具备公平正义的意识、参与公平正义的能力和依法追求公平正义的行为。

党的十四大提出"建立社会主义市场经济体制"的改革目标,对于如何在提高效率的前提下更好地实现社会公平也作出了新的规划。党的十四届三中全会通过了《中共中央关于建立社会主义市场经济体制若干问题的决定》,对于效率与公平的问题作出了进一步阐述,指出"完善按劳分配为主体、多种分配方式并存的分配制度,坚持效率优先、兼顾公平"。党的十七大提出"必须在经济发展的基础上,更加注重社会建设,着力保障和改善民生,促进社会公平正义,推动建设和谐社会"。党的十八届三中全会通过的《中共中央关于全面深化改革若干重大问题的决定》将"促进社会公平正义、增进人民福祉"作为全面深化改革的落脚点。

3. 诚信敬业

社会主义核心价值观强调重信守诺,诚信需要以职业操守和合法合规的管理行为体现在企业的经营管理中。理解工商管理类专业和职业发展的内涵与路径,具有坚定的从事相关职业的意愿、信念和价值观。以专业学习为基础,敬业、爱业,积极向上。

第三节　工商管理类专业课程思政核心元素与核心课程对应矩阵

表 2－2　　　　工商管理类专业课程思政核心元素与核心课程对应矩阵

一级指标	二级指标	战略管理	管理学原理	创业管理	市场营销学	人力资源管理	组织行为学	产业组织学	商务分析基础	运营管理
社会责任	具备管理伦理意识	√	√	√		√	√			√
	具有社会责任感	√	√	√	√		√	√		√
	具有公民意识	√	√	√	√					
家国情怀	关注国情与民生	√	√		√		√	√	√	√
	熟悉中国管理文化与思想	√	√				√		√	
	坚定文化自信	√	√		√			√		√
共同体理念	具有共同发展理念	√	√	√					√	
	关注中国的全球化	√	√		√		√	√		
	了解国际最佳实践	√	√	√	√		√	√		√

续表

一级指标	二级指标	战略管理	管理学原理	创业管理	市场营销学	人力资源管理	组织行为学	产业组织学	商务分析基础	运营管理
科学精神	具有科学管理精神	√	√		√		√		√	
	具备客观理性精神	√	√	√	√	√	√	√	√	√
	具有创新创造与企业家精神	√	√	√	√		√	√		√
法治精神	合法合规	√	√	√	√	√		√	√	√
	公平正义		√				√	√		
	诚信敬业		√		√	√	√	√		√

第二篇

工商管理类代表性课程的
课程思政教学指南

第三章 "战略管理"课程思政教学指南

一、"战略管理"课程的专业教学体系与课程思政教学目标

(一)"战略管理"课程简介

1. 课程主要内容

"战略管理"课程研究企业如何通过分析、选择和实施战略来获得持续竞争优势。课程内容既包括传统的战略管理基本知识结构,即企业的使命和目标,行业吸引力分析,企业内部资源能力评价与构建,企业层面与业务层面具体战略,战略的选择、实施、评价和修正,又包括战略领域的最新理论与实践,如战略伦理、商业模式、标准竞争、战略博弈、价值创新、钻石模型分析等。

2. 专业教学目标

基于参与式、探究式、讨论式教学设计,学生通过学习本课程,从知识方面应该掌握战略管理领域的主要理论和知识,分析、选择和评价战略管理的主要工具和方法,战略管理的分析流程,战略管理的典型案例、最新实践、经典学说和前沿研究;从能力方面应该具备战略伦理判断能力,战略思辨能力,战略分析能力,跨学科、跨领域反思战略的意识,对战略研究与创新的兴趣,以及合作、表达、书写、展示能力。

3. 教材与课程特色

(1)教材选用

本课程选用徐飞编著的《战略管理》。该教材是"十二五"普通高等教育本科国家级规划教材,目前已出版至第五版(第一版于2009年出版,第二版于2013年出版,第三版于2016年出版,第四版于2019年出版,第五版于2022年出版)。该教

材于 2021 年获得全国首届优秀教材奖。

（2）课程特色

第一，教学理念创新。本课程确立的教学理念是"以价值引导为纲，以知识学习为体，以能力培养为用"。本课程通过五个途径来实现课程的"价值引导"作用：一是重视中国的文化理念与战略思想，如引入《易经》《孙子兵法》中的战略思想、中国革命中的战略理论（《毛泽东选集》《邓小平文选》等）。二是讲好中国故事。三是强调企业战略决策中的社会责任意识。四是通过前沿研究进课堂，将最新的责任与价值导向的战略研究带给本科生，深化学生对"把论文写在祖国大地上"的理解。五是通过考试题目的设计，强化学生对企业社会责任、使命担当的认知。

第二，教学设计创新。本课程在教学设计方面的创新具体包括五个方面。一是教学内容上：价值引领，知识为体。二是教学工具上：文献与案例双轮驱动。三是教学载体上：线下为主，线上为辅。四是教学要求上：学生要全方位参与。五是教学情境上：讲好中国故事。

本课程通过"价值＋知识""经典＋前沿""理论＋实践""文献＋案例""中国＋外国""团队＋个人""线下＋线上""课上＋课下""英文＋中文""听说读写思练"，实现对学生正确的价值观引导（价值育人）、科学的战略管理传授（知识育人）和全面的能力培养（能力育人）。

（二）"战略管理"课程思政特征分析与教学目标

1. "战略管理"课程思政特征分析

"战略管理"课程因为兼具对企业使命和目标的分析、对企业内外部环境的分析、对战略判断和定位的分析以及对战略理念的分析等，与价值观、责任、伦理、法治等思政育人元素有充分的对接点，所以在教学内容上要坚持思政融合，注重立德树人。立足于本土企业管理实践，通过选编反映中国特色的教学素材和优秀的中国企业案例，以潜移默化的方式，将思政教育与学生创新思维、战略思维、理性思维、系统思维及能力培养有机融合，引导学生树立正确的人生观和价值观。尤其重视引入中华民族管理思想文化中的精粹，光大中国战略智慧，将其中与企业战略决策紧密相关的内容提炼出来，融入与战略目标、战略分析、战略方案选择有关的课程内容设计中。在整个课程中弘扬积极正面的思想和理念。在让学生掌握战略管理经典理论、知识、分析工具的同时,通过最新的企业实践和学术研究,了解战略管理思想前沿。

2. "战略管理"课程思政教学目标

本课程将价值塑造、能力培养和知识传授三者融为一体,弘扬企业家精神和创新精神。注重总结和提炼中国企业在经营管理实践中的管理创新、技术创新、市场创新、模式创新和战略创新。着力塑造学生的责任感、使命感和社会主义核心价值观,突出强调战略导向、使命驱动、商业伦理和社会责任。

系统设计思政元素与课程内容的结合点以及思政元素融入课程内容的方式。通过概念、理论、模型、案例,润物细无声地向学生传递正见和正能量,引发学生结合专业知识进行价值思考。系统梳理商业利益、个人利益、社会利益之间的关系,协助学生树立正确的价值观、人生观、决策观和国家责任感,引导学生深入社会实践、关注现实问题,培育学生经世济民、诚实守信、艰苦奋斗、德法兼修的职业素养。

"战略管理"课程思政元素与知识点的关联如表3-1所示。

表3-1 "战略管理"课程思政元素与知识点的关联

一级指标	二级指标	与本课程知识点的关联
社会责任	具备管理伦理意识	战略管理及决策涉及伦理、道德和规范。学生应识别和理解战略分析与决策中的伦理问题,了解管理伦理的构成与内涵,以及当前社会管理伦理的新发展和新要求。结合案例分析,理解和判断企业在战略目标确定、战略方案形成以及战略实施中的管理伦理意识
	具有社会责任感	社会责任是融入战略目标确定、战略决策形成和战略管理实施全过程的重要内容。学生应掌握社会责任的构成与内涵,理解社会责任在战略管理中的重要作用,能够结合案例分析社会责任对企业、国家和社会的重要意义
	具有公民意识	企业也是公民。企业作为公民,在战略目标确定与战略决策选择时,要以国家和民族利益为重,自觉维护国家的荣誉、利益和安全,必须履行对国家和社会应尽的责任和义务

一级指标	二级指标	与本课程知识点的关联
家国情怀	关注国情与民生	在企业外部环境分析、内部资源能力分析、发展战略、竞争战略、商业模式等主要知识板块,引入中国企业和中国产业的案例,让学生关注国家发展过程中取得的成就和面临的挑战,并运用专业知识进行分析和思考,学以致用,为实现中华民族伟大复兴而奋斗
	熟悉中国管理文化与思想	在战略管理理论梳理、竞争与博弈等知识板块引入《易经》等中国传统经典战略思想以及以毛泽东、邓小平为代表的中国革命文化中的战略思想,使学生认识到中国文化中战略思想的博大精深
	坚定文化自信	文化自信是一个民族、一个国家对自身文化价值的充分肯定和积极践行,并对其文化生命力持有的坚定信心。通过了解中国文化中与发展战略、竞争战略有关的思想,通过深入分析中国企业在核心竞争力构建等领域的成功实践,从内心深处认同国家的思想文化和社会制度
共同体理念	具有共同发展理念	在外部环境分析、企业发展战略、国际化战略与联盟合作战略等部分,通过理论分析和案例讨论,深刻理解构建人与自然命运相连、和谐共生、协调发展的重要性,深入体会高举和平、发展、合作、共赢旗帜,积极营造良好外部环境,推动构建新型国际关系和人类命运共同体的意义
	关注中国的全球化	在外部环境分析尤其是国际环境分析、发展战略、国际化战略等部分,讨论案例,理解中国与世界的关系,理性分析和理解中国的全球化,不断加深对中国与世界关系的认识,思考和探索中国与世界的良性互动
	了解国际最佳实践	在资源能力分析、发展战略分析、国际化与联盟合作战略分析、竞争战略分析、战略博弈、战略创新与变革等部分,全面了解全球最佳企业战略实践。植根中国,思考国际经验如何与中国实际相结合,以开放的心态和包容的理念,学习和传播最佳管理实践
科学精神	具有科学管理精神	在外部环境分析、战略选择与战略实施等部分,学习并掌握科学的战略管理分析方法、技术和工具,理解如何用科学的方法和手段分析和解决战略管理问题

一级指标	二级指标	与本课程知识点的关联
科学精神	具备客观理性精神	在外部环境分析、竞争与博弈分析等部分,理解战略管理的基本规律,认识战略管理要素之间的关联关系以及互动规律与模式,如文化与制度对战略选择的影响等,以客观和辩证的理念思考和理解战略管理理论与实践
	具有创新创造与企业家精神	在商业模式、战略创新与变革部分,通过理论分析和案例讨论,充分理解创新创造和勇于探索的企业家精神在战略分析、选择与实施中的重要意义。鼓励学生在学习和实践过程中敢于迎接挑战,提出创新的思想,尝试创新的解决方案
法治精神	合法合规	在战略管理的使命、宗旨、目标以及社会责任分析部分,通过案例分析,深入理解合法合规对企业可持续发展的重要意义。让学生具有法治意识,能辨识和理解战略管理领域的法律法规问题,并以合法合规为底线,认识和运用专业知识

二、"战略管理"各章节课程思政教学指南

第一讲 战略管理概述

■ 专业教学目标

1. 理解战略管理的背景、定义、发展历史、核心问题和构成。什么是战略管理?企业为什么需要战略管理?战略管理的三个层次是什么,彼此之间有什么关系?战略管理的管理过程是什么?

2. 理解企业竞争优势的定义和来源。战略管理的核心问题是什么?什么是企业的竞争优势?竞争优势的来源有哪些?

3. 理解中西方的战略管理理论与思想。理解战略管理的发展过程以及战略管理主要流派的基本思想。

■ 思政元素分析与相关知识板块

1. 关注国情与民生。强调当今世界企业竞争格局的变化以及对企业战略管

理的新要求,理解战略管理对企业、个人、家庭、国家的重要性。

2. 熟悉中国管理文化与思想。通过《孙子兵法》等传统典籍、楚汉之争等历史战略实践、中国革命历史中的战略思想与实践,让学生了解中国传统文化中的战略思想和中国革命中的战略理论,并与西方的战略管理理论和思想进行比较、融合。

■ 课程思政的教学实施方案

案例引入法:

1. 结合《毛泽东选集》《邓小平文选》中的篇章(如"中国社会各阶级的分析""井冈山的斗争""党与抗日民主政权"等),简要分析中国革命史中涌现的伟大战略思想与战略实践,突出战略管理对于国家和民族的重要意义。

2. 通过对楚汉之争的简要分析,归纳战略管理中的关键构成要素,让学生深入理解战略管理中的关键要素及其相互之间的关系。

第二讲　战略与社会责任

■ 专业教学目标

1. 理解愿景、使命和核心价值观的定义、构成与作用。企业的愿景、使命和核心价值观是什么? 在企业战略中占据什么地位? 对企业发展有什么作用?

2. 理解企业战略管理的目标。该目标具体有哪些内容?

3. 理解社会责任的定义、构成、发展历史和作用。什么是企业社会责任? 企业社会责任有怎样的发展历程? 企业社会责任由什么构成? 企业为什么要承担社会责任? 企业的主要利益相关者有哪些?

4. 理解商业伦理的作用。什么是商业伦理? 商业伦理包含哪些内容? 中西方的商业伦理思想有哪些?

■ 思政元素分析与相关知识板块

1. 具有社会责任感。强调企业除了要承担经济责任外,承担其他社会责任对企业发展以及社会发展的重要性。企业战略决策需要关注经济责任,更要关注社会责任。

2. 具备管理伦理意识。战略决策涉及伦理、道德和规范。强调管理伦理的基本构成、当前社会管理伦理的新发展和新要求、中国儒家思想中的义利观等,深刻理解管理伦理对于管理的重要性,激发和巩固学生的管理伦理意识。

3. 具有公民意识、合法合规。强调企业在战略决策中要履行企业公民的职责,决策要符合国家和社会发展的需要,更要有法治意识,依法依规经营企业。

■ 课程思政的教学实施方案

案例讨论法:

1. 案例引入。通过"公司的力量——进步之痛"中公司追逐经济效益的过程中产生的社会问题和社会矛盾,引发学生的兴趣和思考,让学生了解企业为什么要承担社会责任,以及"企业社会责任"概念的发展历史。结合中国企业承担社会责任发展现状的典型案例,让学生理解社会责任对企业和社会发展的重要作用。

2. 案例讨论。通过对瑞幸咖啡案例的分析和讨论,让学生深入理解合法合规经营、注重决策的商业伦理逻辑、具备企业公民意识对于企业的声誉及其长期可持续发展的重要性。

第三讲 外部环境分析

■ 专业教学目标

1. 理解外部环境分析的作用。外部环境分析主要包含哪些内容?

2. 理解 PEST 分析模型的构成。PEST 宏观环境分析的内容有哪些?

3. 理解波特五力模型的构成和影响因素。波特五力模型的内容有哪些?影响五种竞争力的因素有哪些?如何根据波特五力模型选择企业的战略?

4. 理解钻石模型。如何打造国家竞争优势?国家的制度和文化如何影响一国产业的发展?

■ 思政元素分析与相关知识板块

1. 关注国情与民生。结合当前中国经济发展和企业发展中面临的宏观环境、产业环境、全球环境展开分析,提升学生关注国情的意识。强调外部宏观环境对企业战略的影响。通过相关案例,如自然环境(紫杉醇案例)、社会环境("新冠"疫情案例)和制度环境(EHS案例)等,强调环保意识对企业发展的多方位影响。

2. 关注中国的全球化。从国家竞争优势角度出发,对比分析中国与其他国家在产业竞争力上的差异,并深入分析其中的环境因素。

3. 具有科学管理精神。辩证看待外部环境形成过程中的历史、文化、制度等客观因素。分析国家竞争优势的来源、我国诸多高科技产业发展面临瓶颈的原因,探讨国家应该作出何种努力以打造竞争优势,实现共同发展。

■ 课程思政的教学实施方案

案例讨论法:

1. 通过"新冠"疫情案例分析,让学生理解外部宏观环境各主要构成部分之间的关联与互动关系,使学生具有关注国情的意识和共同发展理念。补充讨论紫杉醇与环保、EHS(环境/健康/安全体系构建)小案例。

2. 通过对中外典型产业集群形成过程的对比,引导学生关注我国有竞争力的产业的形成原因,思考全球化过程中各个国家的共性与个性差异,以更好地理解中国的全球化。

第四讲 资源能力分析(1)

■ 专业教学目标

1. 理解内部环境分析的内容和步骤。如何进行内部环境分析?

2. 理解资源、能力与核心竞争力的定义。资源包括哪些? 能力的来源有哪些? 有哪些获取资源的方式,其有哪些优劣势?

3. 理解核心竞争力的判别标准及核心竞争力的来源。如何判别企业的核心竞争力? 企业如何建立核心竞争力?

4. 理解价值链的主要活动和价值链分析的步骤。价值链包含哪些活动? 价值链分析的步骤和原则是什么?

■ 思政元素分析与相关知识板块

1. 坚定文化自信。突出中国企业在建立核心竞争力上的表现和成效,以民族企业金晶科技的核心竞争力为案例详细讨论。

2. 关注国情与民生。通过核心竞争力的判别标准,引导学生思考企业、个人和国家的核心竞争力。

■ 课程思政的教学实施方案

文献研读与讨论法：让学生对经典文献（Prahalad 和 Hamel 的"The Core Competence of the Corporation"原文）进行研读和课堂展示，以了解这一主题的主要理论发现和研究结论，并围绕文章的核心思想，思考和讨论中国企业如何构建核心竞争力。

案例讨论法：引入中国玻璃行业的明星企业金晶科技，分析金晶科技在产品上的突出表现和企业发展历史，引发学生展开讨论，内容包括金晶科技的核心竞争力是什么、其核心竞争力如何形成等问题。

第五讲　资源能力分析(2)

■ 专业教学目标

1. 理解基于资源基础理论的企业竞争优势的来源，即异质性、事后不完全竞争、不完全流动性以及事前不完全竞争。

2. 理解核心竞争力与能力的动态性。进一步理解核心竞争力的概念。企业应该如何保持和建立企业的核心竞争力？理解核心竞争力的发展与演进。动态能力理论的主要观点是什么？

3. 理解企业社会责任与竞争力之间的关系。

■ 思政元素分析与相关知识板块

1. 了解国际最佳实践。通过对柯达案例和孟加拉乡村银行案例的深入剖析，使学生了解具有典型性的国际案例（成功案例与失败案例），思考企业能力建设的动态性以及国际经验如何与中国管理实际相结合。

2. 具有社会责任感。通过对孟加拉乡村银行在扶贫减贫上的成功实践案例分析，使学生思考企业社会责任与企业核心竞争力之间的关系。

■ 课程思政的教学实施方案

案例分析法与小组讨论法：

1. 让学生团队介绍、展示并分析"数码化与柯达的核心竞争力"以及"孟加拉乡村银行"两个案例中蕴含的能力动态性和社会责任内容。

2. 启发学生开展课堂讨论，分析核心竞争力与动态能力之间的关系，分析社会责任与企业竞争力之间的关系。

3. 总结并延伸国际经验如何有助于中国企业能力建设的思考。

第六讲　发展战略(1)

■ 专业教学目标

1. 掌握利用波士顿矩阵进行业务组合分析的方法。

2. 了解企业发展战略的主要类型。

3. 理解纵向一体化和横向一体化的定义。影响横向一体化和纵向一体化的主要因素有哪些？企业进行一体化可能面临什么风险？

■ 思政元素分析与相关知识板块

关注中国的全球化。理解企业一体化战略对国家行业和产业竞争力的影响。从国家产业发展角度理解一体化战略的新形势和发展方向。了解中国企业在国际化过程中在一体化发展上面临的机遇与挑战。从华为等公司遭美国限制出发,分析纵向一体化对国家产业安全的影响。

■ 课程思政的教学实施方案

案例分析法：结合华为等中国企业遭到美国政府限制的现实案例,分析一体化发展战略对于企业产业链风险防范的意义。深入讨论新的国际形势下,理论界和实践界对于一体化发展战略的新认知。

第七讲　发展战略(2)

■ 专业教学目标

1. 理解多元化战略的类型和动因。

2. 理解相关多元化和不相关多元化的概念及适用情境。

3. 理解多元化与企业核心竞争力的关系。

4. 理解专业化战略等其他发展战略类型。

■ 思政元素分析与相关知识板块

关注国情与民生。通过了解民族企业云南白药的多元化发展史,探讨企业发展中的创新与坚守问题,深入理解民族企业应该如何在发展的过程中不忘初心,发扬中国传统产业优势,推进企业核心竞争力的建立。

■ 课程思政的教学实施方案

案例分析法与小组讨论法:

1. 学生团队展示"云南白药的多元化"这一案例,从纵向发展轴线分析云南白药多元化发展中的不同策略及其效果。

2. 启发学生讨论和思考:核心竞争力与多元化之间的关系,多元化的不同侧面与多元化陷阱,中国企业应该如何立足于自身优势,制定有助于企业可持续发展的多元化战略。

第八讲　国际化战略与合作联盟战略

■ 专业教学目标

1. 理解联盟的类型,企业联盟形成的动因,联盟伙伴选择的考虑因素。

2. 理解国际化战略的分类方式,进入国际市场的方式及其优缺点,国际化战略的动因,国际化战略的影响因素。

■ 思政元素分析与相关知识板块

1. 关注中国的全球化。让学生了解中国企业在国际化发展中遇到的主要挑战,以及联盟合作的重要性。

2. 了解国际最佳实践。通过迈瑞医疗的案例,从企业战略决策的视角解读中国企业"走出去"的成功经验,进而深入理解影响中国企业国际化的重要因素。

■ 课程思政的教学实施方案

案例分析与小组讨论法:

1. 学生团队展示"迈瑞医疗的国际化"这一案例,尤其要分析迈瑞医疗在国际化过程中的独特定位和阶段性策略调整。

2. 分组讨论并总结:如何客观分析国际化过程中的中外差异以及市场、竞争等重要因素的动态变化?如何处理好竞争与合作的关系?归纳迈瑞医疗的成功经验。

第九讲 竞 争 战 略

■ 专业教学目标

1. 理解三个层次的企业战略以及三者之间的相互关系。

2. 理解波特三大基本战略的含义及其重要性。

3. 掌握低成本战略的动因、条件、优势以及构建低成本战略的手段。

4. 理解差异化战略的条件、优势及其实施要点。

5. 掌握聚焦战略的条件、类型、优势及其实施要点。

■ 思政元素分析与相关知识板块

1. 坚定文化自信。引导学生运用中国传统文化典籍《易经》中的乾卦来分析和解读在企业发展不同生命周期阶段所适用的竞争与发展战略。

2. 了解国际最佳实践。以沃尔玛、星巴克、拼多多等国内外知名企业为例,分析这些企业通过运用不同的竞争战略得以成功的逻辑和理论基础。

■ 课程思政的教学实施方案

讲授法:引入《易经》乾卦的文本和思想,分析如何从企业发展的不同生命周期阶段来判断和选择适用的战略,让学生领略中国传统战略思想的伟大和精妙,理解以发展和辩证的思想来看待企业战略的适用性。

案例讨论法:以课堂引入的形式分析沃尔玛、星巴克等知名企业的成本领先战略、差异化战略。以小组讨论的形式深入探讨拼多多的竞争战略。让学生了解国内外企业竞争战略的最佳实践。

第十讲 标准竞争战略

■ 专业教学目标

1. 理解标准和标准竞争。标准竞争为什么对中国意义重大?

2. 分析标准竞争中的关键资源和能力。

3. 理解标准竞争的基本策略。

4. 理解处于不同地位的企业在标准竞争中的可行策略。

5. 结合通信技术标准竞争的演化,分析以华为为代表的中国企业的策略及其成效,并深化对标准竞争关键战略要素的理解。

■ 思政元素分析与相关知识板块

1. 关注国情与民生。强调对战略管理的学习要结合重大的国家战略,如关键领域的标准竞争对我国的重要性。深入分析中国企业在标准竞争中的策略及其成效,以华为等中国企业在通信技术标准竞争中的策略为案例进行详细讨论。

2. 具有共同发展理念。剖析技术演进以及国家和企业的策略演进与互动。结合通信技术标准竞争的历史演进过程,分析如何从人类命运共同体的视角来判断西方国家政治干预存在的问题。

■ 课程思政的教学实施方案

文献研读:让学生介绍经典文献(夏皮罗的"The Art of Standard War"),结合课堂讨论,深入理解标准竞争的重大意义、关键资源和能力、主要策略。

案例分析与讨论法:让学生展示"通信技术标准竞争"这一案例研究的结果,主要包括 3G 时代的三大技术标准如何形成,4G 时代的两大技术标准如何从 3G 演化而来,技术路径以及主要企业在标准竞争中的行动与策略,5G 标准竞争的复杂性和典型企业采取的策略及国家在其中发挥的作用。通过深入分析,引导学生关注国家重大战略问题,思考如何从共同发展理念出发去评价和反思产业标准国际竞争中的企业行为和国家政策。

第十一讲 战 略 博 弈

■ 专业教学目标

1. 理解博弈论的主要思想和竞合理论的核心逻辑。

2. 了解战略博弈中的两个基本类型——相继发生的博弈和同时发生的博弈,以及博弈树、博弈矩阵、囚徒困境等关键概念。

3. 理解先动优势与先动劣势的概念和内涵,企业的抢先策略及其要点。

■ 思政元素分析与相关知识板块

1. 熟悉中国管理文化与思想。通过引入中国历史上的博弈典故来深入解读战略博弈。例如,引用《水浒传》中的"伊阙山之战"讲解"战略时间差"等。

2. 具备客观理性精神。通过对博弈论中战略思想的分析,强调战略分析中的客观理性精神,知己知彼方能百战不殆。

■ 课程思政的教学实施方案

案例分析与讨论法：

1. 案例课堂引入：引入"伊阙山之战""空城计"等经典历史博弈典故，引发学生对中国传统文化中的博弈思想与实践的兴趣，并与现代企业战略博弈相结合。

2. 案例讨论分析：以美国和日本的高清晰度电视机博弈事件为基础，深入分析竞争与博弈，以及博弈策略的转化关系，尤其是先动策略的运用方式，让学生体会客观理性精神在竞争和策略选择中的重要性。

第十二讲　商　业　模　式

■ 专业教学目标

1. 掌握商业模式的概念、基本构成要素以及各要素之间的相互关系。

2. 理解收益模式与商业模式的区别和联系。

3. 掌握商业模式构建的逻辑，包括价值发现、价值匹配、价值获取。

4. 深刻理解商业模式创新的思路和方法。

■ 思政元素分析与相关知识板块

1. 关注国情与民生。引导学生了解中国企业在商业模式构建过程中的创新和实践。

2. 具有创新创造与企业家精神。科技创新和商业模式创新是企业在创新决策中的两大领域，如何通过商业模式创新（而不是简单模仿）来实现企业发展、国家发展和社会发展，是学生要重点理解的内容。

■ 课程思政的教学实施方案

案例分析与讨论法：

1. 让学生介绍并对比顺丰与圆通两家典型快递企业的商业模式，分析商业模式不同定位和导向的差异，以及实现差异的途径和效果，从而深入了解中国的快递行业。

2. 引入"e袋洗"案例，对"e袋洗"在干洗行业中的商业模式创新与变迁展开讨论，理解商业模式创新的价值与意义，以及如何平衡商业模式创新的收益与风险，探讨商业模式创新的可行路径。

第十三讲 战略创新与变革

■ 专业教学目标

1. 理解价值创新的思想、分析思路与分析方法。

2. 理解基于价值创新的战略创新的典型模式：电子商务、互联网＋、平台经济、共享经济等。

3. 掌握战略变革的分析框架，包括战略变革的动因与战略变革实施路径等。

4. 了解创新与变革面临的困境和解决路径。

■ 思政元素分析与相关知识板块

1. 了解国际最佳实践。在战略创新主题下，引入大量国内外经典案例，让学生广泛了解和认知战略创新实践及其成功的原因。

2. 具有创新创造与企业家精神。创新是人类发展的不竭动力，让学生深刻领悟战略创新的重要性、多样性和动态性，以及创新与企业家精神、创造能力在推动企业创新与变革，推动社会发展过程中的积极作用。

■ 课程思政的教学实施方案

案例分析法：

1. 引入雅高、诺和笔、太阳马戏团等多个案例，对比分析其战略创新的思路、方法以及取得的效果，让学生广泛了解企业战略创新的国际最佳实践。

2. 进一步探讨战略创新与战略变革在当今世界的意义，让学生理解创新精神、创造能力在企业战略制定与选择中的作用。

第十四讲 战略选择与分析

■ 专业教学目标

1. 引导学生掌握战略分析的 SWOT 方法、战略聚类矩阵和 QSPM 矩阵等。

2. 理解三种战略态势所处的外部条件以及实现的途径。

3. 理解战略转型与战略权变的要旨。

4. 掌握大企业战略(大企业的竞争战略、国际化战略)，中小企业战略(中小企业的基本战略、补缺战略、联盟战略、模仿战略、搅局战略)，以小博大应对不对称竞争战略(正面进攻战略、侧翼进攻战略、迂回进攻战略等),成长路径与成长方式选择。

■ 思政元素分析与相关知识板块

1. 具有科学管理精神。让学生进一步理解,战略管理要以事实为依据,要应用科学的方法和工具展开分析,要用客观的理性精神来分析、评判和选择。

2. 关注国情与民生。以"大众创业,万众创新"的国家战略为背景,引导学生思考中小型企业在战略选择中的特点,以及大型企业在战略选择中的特点。通过中国企业的战略选择实践来分析战略选择的复杂性和多样性。

■ 课程思政的教学实施方案

案例分析与讨论法:

1. 让学生团队介绍并讲解"新能源背景下上汽集团的战略选择"案例,从而让学生了解新能源对汽车产业的冲击与重塑,了解以上汽为代表的大型企业应对变化时的战略选择,并客观评价和展望不同战略的效果。

2. 引入蔚来、比亚迪、宝马、大众等国内外不同汽车企业在新能源背景下的战略选择与创新,让学生系统思考企业战略选择中的技术、需求、竞争等重要因素的影响,深入理解战略选择的复杂性。

第十五讲 战略实施与评价

■ 专业教学目标

1. 掌握战略实施的过程、阶段和基本原则。

2. 熟练掌握战略资源的配置方法。

3. 正确认识战略与组织的关系、战略与企业文化的关系。

4. 了解战略评价与控制的功能和基本活动。

5. 掌握建立有效战略评价与控制的要点和原则。

6. 掌握平衡计分卡和标杆学习这两种战略管理工具。

■ 思政元素分析与相关知识板块

具有科学管理精神。让学生了解并掌握战略实施与评价的主要分析工具和方法,理解背后的理论逻辑和科学精神。尤其在战略评价中要掌握评价的系统性与全面性,理解战略实施结果呈现的客观规律。

■ 课程思政的教学实施方案

讲授和讨论法：以课程讲解的形式为主，对主要知识点、战略实施和评估的具体内容及方法进行系统分析和介绍。引导学生讨论和思考如何根据现实情境和条件开展战略实施，并科学理性地进行战略评价与优化。

第十六讲 课 程 总 结

■ 专业教学目标

1. 回顾和复习课程主要内容。

2. 提炼战略管理核心思想与精神。

3. 解答学生疑问。

■ 思政元素分析与相关知识板块

1. 家国情怀。引导学生深入理解战略管理对于国家发展、人民幸福、世界和平的重要意义，思考中国文化中的管理和战略思想与西方战略理论的联系，坚定文化自信。回顾课程中涉及的价值塑造、社会责任、经世济民、国家战略、中华经典文化与思想等课程思政要点。

2. 社会责任。进一步强调只有将社会责任意识、管理伦理意识、公民责任意识融入战略分析、选择与实施，才能使企业基业长青，具有可持续发展能力。

■ 课程思政的教学实施方案

启发讨论法：围绕战略管理中的核心主题，启发学生讨论，思考企业战略管理与家国情怀以及社会责任之间的深刻关系。

三、"战略管理"课程思政元素总览表

表 3 - 2 　　　　　　"战略管理"课程思政元素总览

课程章节	主要教学内容	主要课程思政元素	专业思政维度（一级指标）
第一讲 战略管理概述	战略管理的内涵、地位、作用和意义	关注国情与民生	家国情怀
	战略管理发展历程与主要思想	熟悉中国管理文化与思想	家国情怀

续表

课程章节	主要教学内容	主要课程思政元素	专业思政维度（一级指标）
第二讲 战略与社会责任	愿景、使命、价值观	具有社会责任感	社会责任
	社会责任与战略决策	具有社会责任感	社会责任
	商业伦理与战略选择	具备管理伦理意识	社会责任
	案例分析	具有公民意识 合法合规	社会责任 法治精神
第三讲 外部环境分析	宏观环境分析	关注国情与民生	家国情怀
	波特五力模型分析	具有科学管理精神	科学精神
	钻石模型分析	关注中国的全球化	共同体理念
	文化与商业体系分析	具有科学管理精神	科学精神
第四讲/第五讲 资源能力分析	内部资源能力与核心竞争力	坚定文化自信	家国情怀
	价值链分析	关注国情与民生	家国情怀
	案例分析	了解国际最佳实践 具有社会责任感	共同体理念
第六讲/第七讲 发展战略	发展战略的主要概念	关注国情与民生	家国情怀
	一体化战略	关注中国的全球化	共同体理念
	多元化战略	关注国情与民生	家国情怀
第八讲 国际化战略与合作联盟战略	国际化战略	了解国际最佳实践	共同体理念
	合作联盟战略	了解国际最佳实践	共同体理念
	案例分析	关注中国的全球化	共同体理念
第九讲 竞争战略	一般竞争战略	了解国际最佳实践	共同体理念
	中国的竞争战略思想	坚定文化自信	家国情怀
	案例分析	了解国际最佳实践	共同体理念

课程章节	主要教学内容	主要课程思政元素	专业思政维度（一级指标）
第十讲 标准竞争战略	标准竞争及其关键资源	关注国情与民生	家国情怀
	通信技术标准竞争案例	关注国情与民生 具有共同发展理念	家国情怀 共同体理念
第十一讲 战略博弈	博弈论与战略决策	具备客观理性精神	科学精神
	中国的博弈思想与典故	熟悉中国管理文化与思想	家国情怀
第十二讲 商业模式	商业模式的基本逻辑与结构	具有创新创造与企业家精神	科学精神
	中国企业的商业模式创新	关注国情与民生	家国情怀
第十三讲 战略创新与变革	价值创新与战略创新	具有创新创造与企业家精神	科学精神
	战略变革	了解国际最佳实践	共同体理念
第十四讲 战略选择与分析	战略选择的方法	具有科学管理精神	科学精神
	不同类型企业的战略选择	关注国情与民生	家国情怀
第十五讲 战略实施与评价	战略实施	具有科学管理精神	科学精神
	战略评价	具有科学管理精神	科学精神
第十六讲 课程总结	知识点总结		家国情怀 社会责任

第四章 "人力资源管理"课程思政教学指南

一、"人力资源管理"课程的专业教学体系与课程思政教学目标

（一）"人力资源管理"课程内容简介

1. 课程主要内容

无论企业的规模、性质和所处行业多么千差万别，人力资源都是企业为客户、投资者、员工和社会提供价值的核心载体。企业能否吸引、保留、开发和有效利用人力资源，决定了企业经营的成败。大量理论研究和实践案例表明，员工的行为、态度和绩效决定着企业的盈利能力、顾客满意度及其他重要的组织绩效指标。人力资源已经成为企业战略规划和执行的基本组成部分，影响着所有管理者的战略思考和日常工作。

本课程将向学生系统阐述有关人力资源管理方面的基本知识和一般原理，使学生系统掌握战略性人力资源管理系统、人力资源规划、人员甄选、培训、绩效等诸多方面的基本范畴、内在关系及其运作机制；同时，通过介绍国内外人力资源管理的近期理论发展和动态，加深学生对战略性人力资源管理系统的理解和认识，提高其在相关领域综合分析问题和解决问题的能力。

2. 专业教学目标

"人力资源管理"的课程对象为商学院工商管理专业的大二学生。本课程旨在帮助学生系统了解人力资源管理理念、方法与技术，以及企业人员管理的最新实践，使学生形成科学的人才观，提升学生的国际视野、创新思维和分析能力，为后续各专业课程的学习奠定必要的专业基础。

3. 教材与课程特色

指定教材：朱舟. 人力资源管理［M］. 3 版. 上海：上海财经大学出版社，2020.

课程特色："人力资源管理"课程具有明显的现实性、技术性、工具性导向，它需要学生具有管理学、战略管理和组织行为学等学科的知识，能充分理解员工个体的差异性、组织结构和制度的复杂性，在此基础上理解和学习理论，并将其用于探讨千变万化的人员管理实践问题。经过本课程的学习，学生应能全面了解战略性人力资源管理的基本概念、核心理论和关键技术，并能熟练掌握人力资源管理流程中各子职能（包括职位分析与素质模型、人力资源规划、招聘、人员甄选与测评、人力资源开发、职业发展、绩效管理与薪酬管理）的重要技术、工具和工作步骤。在此基础上，学生应能将专业知识用于解决实际问题，包括在不同管理情境下对具体人员管理技术的选择和应用，以及系统分析企业人员管理问题并提供有针对性的解决方案。

如今，中国企业面临着宏观经济增长趋缓的外部环境，大数据分析、按需经济、共享经济下的商业实践使经济不确定性大增，员工忠诚度下降、更换工作的速度加快，企业管理者需要解决远比以往更复杂的人力资源管理问题。为了回应以上问题，人力资源从业人员不仅需要具备扎实和丰富的管理经验，而且需要具备质性分析的能力来应对快速变化的现实。本课程力图通过将互动式、研讨式、参与式的教学手段引入教学过程中，并通过大量案例将社会现实与组织管理实践引入课堂，引导学生思考专业问题，使学生了解实际工作环境中人力资源管理者的困境、可用的管理手段及其面临的约束条件，并系统化地训练学生分析问题、收集信息、系统表达和演讲等能力。

（二）"人力资源管理"课程思政特征分析与教学目标

1. "人力资源管理"课程思政特征分析

本课程以人力资源管理的专业知识传授、专业理论学习和专业技能训练支撑学生专业分析能力的养成，以教学过程中核心案例的使用（特别是涉及中国各行业龙头企业的人力资源系统实践、人力资源从业者的伦理行为）支撑学生家国情怀和理想信念的提升，以课后练习、小组报告和公开演讲的实践运用支撑学生批判思考能力的形成,夯实学生的团队协作能力。

2."人力资源管理"课程思政教学目标

(1)掌握人力资源管理领域的基本概念、理论和分析工具。

(2)进行有效的不同人力资源管理方案的设计和实施。

(3)具备基本的人力资源管理技能和领导技能。

(4)具备有效的沟通协调、团队协作等管理能力。

(5)从多个角度分析人力资源管理过程中存在的问题并提出可行的解决方案。

(6)了解人力资源管理的职业发展机会与职业伦理行为。

(7)了解人力资源管理的法律法规,在法律许可的范围内提升管理效率。

"人力资源管理"课程思政元素与知识点的关联如表4-1所示。

表4-1　　　　　　　"人力资源管理"课程思政元素与知识点的关联

一级指标	二级指标	与本课程知识点的关联
社会责任	具备管理伦理意识	通过课程教学及案例分析,引导学生关注企业管理(特别是人力资源管理)对组织成功的重要价值,并引导学生增进管理伦理意识。通过小组合作进行课堂案例讨论和小组演示,在训练学生系统性思考、情境化问题分析能力的同时,增强学生的团队合作能力和沟通协调能力。课内外交流中出现的意见分歧与冲突解决有助于学生学习对差异性的包容,并以友好的方式沟通和交流,这是学生未来展现符合管理伦理期待的职业能力的重要组成部分
	具有社会责任感	中国文化强调"重信义、敦品行、贵忠诚、鄙利己",这种传统文化在今天的企业商业运营管理中则体现为从业者的社会责任感。学生在学习企业管理理论与技术时,不仅需要掌握解决问题的分析工具,而且需要以道德和伦理来约束个人的行为与决策,以对他人、组织和社会负责任的行为来创造价值
家国情怀	关注国情与民生	中国企业近期的快速发展和实力增长,离不开对人力资源的有效利用和开发,也形成了具有中国文化特色的人力资源管理体系。在专业学习中,了解中国企业的实践将帮助学生建立对中国企业商业实践的民族自豪感

续表

一级 指标	二级指标	与本课程知识点的关联
家国 情怀	坚定文化自信	人力资源管理中的许多热点,如个人价值观、品质和道德水平对行为绩效的影响、如何有效评价人才和发现人才、如何实现员工认知与行为的统一,在中国历史上都有大量的思考与实践,能对西方管理理论形成有效的补充和增益。将中华优秀传统文化中与人力资源管理有关的内容,结合中国优秀企业的管理实践,通过梳理并选择典型案例,使学生了解过去并认识到文化传承在人力资源管理中的价值,有助于提升学生对民族精神的认知和自豪感
科学 精神	具备客观理性精神	人力资源是企业的核心资源,人力资源管理是企业管理过程中的核心职能之一。在全球化与互联网时代,卓越的人力资源管理是我国企业在竞争中获胜并持续发展的关键。让学生了解人力资源管理的基本规律,认识企业组织与人员管理的基本模式。培养学生的专业自信,坚定学生以专业知识服务国家经济发展的理想和信念
	具有创新创造与企业家精神	中国企业近期的快速发展,不仅形成了独特的人力资源管理策略和制度,而且有效地将大数据、人工智能、社交媒体等技术用于人力资源管理领域的效率提升和有效决策。让学生及时了解中国企业的创造性技术运用和发展,可以体现中国企业锐意进取、创新发展的时代精神,并增进学生对中国企业针对中国市场、中国文化的管理创新的思考和兴趣
法治 精神	合法合规	人力资源管理过程涉及企业与员工之间的劳动关系的建立、变更与解除。随着中国劳动法律体系的完善,企业违法的成本不断增大。对相关法律的学习,有助于学生运用相关法律知识来指导管理决策和实践,了解如何在合法的前提下,构建科学有效的人力资源管理体系,优化员工的工作环境并提升组织效率
	诚信敬业	社会主义核心价值观强调重信守诺,这一价值观需要以职业操守和合法合规的管理行为体现在企业的商业运营管理中。学生在学习企业管理理论与技术时,不仅需要掌握解决问题的分析工具,而且需要以道德和伦理来约束个人的行为及决策,以诚信来提升个人的行为规范,实现个人的职业价值

二、"人力资源管理"各章节课程思政教学指南

第一讲　人力资源管理概论

■ 专业教学目标

1. 理解人力资源管理的关键概念。

2. 理解人力资源管理的职能。

3. 理解人力资源管理面临的动态环境。

4. 理解人力资源管理者的角色和素质模型。

5. 理解中国人力资源管理面临的主要问题。

■ 思政元素分析与相关知识板块

本章介绍人力资源管理的课程体系、关键概念、主要职能、发展历程、人力资源管理部门的组织方式以及对人力资源管理从业人员的能力素质要求。人力资源管理是来自西方的舶来品，中国劳动力市场和法律环境下的企业人力资源管理，在关注重点和环境因素上与欧美国家存在较大差异，需要学生在第一堂课中明确认识到中国人力资源管理的特殊性。

■ 课程思政的教学实施方案

知识点：中国人力资源的发展历程及中国企业人力资源管理实践中的主要问题。

教学方式：课堂讲授。

启发式教学：启发学生回答什么是好的人力资源管理，企业和员工在这一问题上能否达成共识。

对思政目标的支撑：关注国情与民生。

思政融合讲解策略：具体罗列和解释自改革开放以来中国的人力资源管理在研究与实践领域的发展历程，以及近年来中国企业在面对经济增长放缓、共享经济、劳动力市场变化及法律调整时，具体的人力资源管理问题。

第二讲 战略性人力资源管理体系的设计

■ 专业教学目标

1. 理解商业经营的逻辑：愿景-使命-价值观-战略-管理系统。

2. 理解战略性人力资源管理体系的组成及各部分之间的关系。

3. 理解人力资源战略系统的选择与近期理论研究成果。

4. 理解人力资源管理系统的效果评价。

■ 思政元素分析与相关知识板块

本章从整体视角介绍企业战略性人力资源管理系统的构成要素。战略性人力资源管理系统强调人力资源管理的整体设计以支持组织经营战略目标的实现，这一整体设计始于企业的使命、愿景和整体战略。本章首先沿用了战略管理中的部分概念，介绍企业的愿景、使命及不同层次的战略，并将人力资源管理战略（系统）纳入这一大的系统中加以观察；然后介绍了战略性人力资源管理系统中的纵向匹配与横向匹配；再针对人力资源管理战略选择，提出了组织结构及文化系统的影响作用；最后探讨了人力资源管理系统的评价指标，包括态度、行为和绩效三个层次的评价，以说明战略性人力资源管理系统对整体战略的支持。

■ 课程思政的教学实施方案

知识点：中国创新行业龙头企业的人力资源战略系统与创新。

教学方式：课堂讲授与案例讨论。

对思政目标的支撑：关注国情与民生。

思政融合讲解策略：以电商龙头企业京东的发展、组织战略和人力资源管理系统的演化为例，说明中国电商龙头企业人力资源管理系统的战略意义，并引导学生关注行业特征差异对人力资源管理战略的影响，同时引导学生思考中国劳动力市场的特点、中国文化的特点和劳动者价值观对组织人力资源管理实践的影响。

第三讲 人力资源管理的基础——职位分析
与素质模型构建

■ 专业教学目标

1. 理解职位分析在人力资源体系中的地位和意义。

2. 理解职位分析的目的、信息类型、分析流程。

3. 理解职位分析的常用技术。

4. 能够编写职位说明书。

5. 理解素质及素质模型的基本概念。

6. 理解素质模型的构建过程及其实施。

■ 思政元素分析与相关知识板块

从第三章开始，我们将逐个介绍人力资源管理的各项子职能。本章介绍人力资源管理的初始步骤，即对职位和所需在职人员特征的了解与评价。本章分别介绍了传统的职位分析和素质模型两种关注点迥异的方法。具体来看，本章首先介绍了职位分析在人力资源管理中的基础地位，并详细说明了职位分析的流程、用途和需要收集的信息；然后介绍了职位信息收集的常用技术，并说明了如何编写职位说明书。素质模型被视为一种特殊形式的职位分析技术，即对在职人员理想要求的描述。本章后半部分介绍了素质的概念、素质要项的分类，以及素质模型的构建流程和信息收集方法。最后，比较了传统职位分析和素质模型在人力资源管理中的应用方式。

■ 课程思政的教学实施方案

知识点 1：素质模型对传统职位分析的替代。

教学方式：课堂讲授。

对思政目标的支撑：关注国情与民生。

思政融合讲解策略：引导学生关注大数据、人工智能及其他技术的发展对员工工作职责、职位变化和素质要求的影响。以中国经济发展过程中共享经济、大数据、零工经济对职位设置和管理的影响，说明技术变化下组织人员及职位要求的变化。

知识点 2：素质模型的构建。

教学方式：案例讨论。

对思政目标的支撑：坚定文化自信。

思政融合讲解策略：以国内一家证券公司的职位体系设计与素质模型构建为例，说明中国企业在员工素质构建及人力资源开发系统上的创新实践，引导学生思考如何改进和优化员工素质模型构建和使用过程中的不足,并在素质模型中强化对员工软技能和职业伦理的关注。

第四讲 战略规划与人力资源规划

■ 专业教学目标

1. 理解战略规划过程。

2. 理解人力资源管理战略规划的定义。

3. 理解人力资源管理规划与人力资源其他模块之间的关系。

4. 理解人力资源管理规划的操作程序。

5. 掌握需求预测和供给预测的方法。

6. 理解供求不平衡时的人力资源行动计划。

■ 思政元素分析与相关知识板块

本章介绍人力资源管理规划子职能。具体来看,本章首先说明了企业的战略规划过程,并在此基础上说明了人力资源管理规划对组织战略规划与执行的支持作用。接下来,本章介绍了人力资源管理规划的流程,以及人员需求的定性和定量预测技术、人力资源管理内部供给预测技术,并简要探讨了外部环境剧烈变化的当下,如何利用外部劳动力市场的人力资源来应对企业人员需求的变化。最后,本章描述了如何制定人力资源管理行动方案以缓解人力资源的供求失衡。

■ 课程思政的教学实施方案

知识点:人力资源规划的行动方案。

教学方式:案例讨论。

对思政目标的支撑:具有社会责任感。

思政融合讲解策略:以国内一家软件企业为例,说明软件企业在成功业务转型后的快速业务增长时期,面临严重的人力资源短缺,引导学生思考在人力资源短缺时可以采用的创新应用方案。此外,引入国内企业在面对"新冠"疫情时的人力资源应对方案,引导学生思考在人力资源相对过剩时的企业社会责任问题。

第五讲　招　　聘

■ 专业教学目标

1. 理解人力资源获取模型。

2. 理解招聘的定义和意义。

3. 理解人力资源招聘的内容、流程及模型。

4. 理解人力资源招聘的主要决策。

5. 理解技术变化对人力资源招聘方法和渠道的影响。

6. 理解人力资源招聘的效果评价。

■ 思政元素分析与相关知识板块

本章关注人力资源获取过程中的招聘子职能。首先,本章提出了人力资源获取的三步骤模型,并在此基础上说明了人员招聘在其中的地位和主要功能。接着,本章说明了人员招聘的主要流程和需要作出的主要决策。然后,本章针对所需进行的人员招聘决策,具体介绍了目标求职者的选取(招聘范围)、招聘信息的发布渠道(招聘渠道)、招聘产出金字塔等技术,帮助学生了解企业招聘中的难点。最后,本章说明了技术变化(网络化、大数据等)对人员招聘技术的影响,以阐述企业应如何评价招聘管理活动的执行效果。

■ 课程思政的教学实施方案

知识点 1:社交媒体和大数据导致的招聘渠道创新。

教学方式:案例讨论。

对思政目标的支撑:具有创新创造与企业家精神。

思政融合讲解策略:以微信等社交媒体在招聘中的应用为例,说明中国企业如何创新性地应用社交媒体开展垂直招聘、改善招聘信息发布渠道的效率,引导学生思考如何运用网络技术来扩大潜在求职者蓄水池,并设法接触更多被动求职者,以优化企业的招聘效率和效益。

知识点 2:中国企业招聘的相关法律法规。

教学方式:课堂讲授。

对思政目标的支撑:合法合规。

思政融合讲解策略：通过对《中华人民共和国劳动法》《中华人民共和国劳动合同法》及不同典型地区的地方法规的介绍，说明招聘过程中的法律要求，使学生了解依法开展人员招聘的要点，并引导学生思考中外法律的差异。

第六讲 甄　　选

■ 专业教学目标

1. 理解员工甄选的风险及其控制。

2. 理解影响甄选过程的环境因素。

3. 理解员工甄选的主要流程和技术方法。

4. 掌握员工甄选技术的信度与效度评价。

5. 掌握员工甄选的信息汇总方法。

■ 思政元素分析与相关知识板块

本章关注人力资源获取过程中的人员甄选子职能。首先，本章提出了人力资源获取决策错误可能带来的风险，并提出导致甄选决策错误的可能影响因素。接着，本章重点说明了甄选的各项具体技术及其在甄选流程中的相对顺序。然后，针对形式多样的甄选技术，人力资源管理者需要基于信度和效度来评价这些技术的效用。最后，本章介绍了企业可能使用何种方法来整合来自不同技术的信息，并作出有效的甄选决策。这一章还补充了与人力资源获取有关的劳动法律法规。

■ 课程思政的教学实施方案

知识点 1：员工的甄选程序。

教学方式：课堂讲授。

对思政目标的支撑：具备客观理性精神。

思政融合讲解策略：以中国某银行的管理培训生计划为例，说明企业对新入职大学毕业生的甄选和注重的能力结构，说明企业如何使用多种人员甄选工具来挑选在能力、潜力、价值观上适配的员工，引导学生思考人才选拔及应用过程的综合能力评价。

知识点 2：心理测评工具及其本土化应用。

教学方式：课堂讲授。

对思政目标的支撑：坚定文化自信。

思政融合讲解策略：以本土测评企业的快速发展为例，介绍心理测评工具的本土化实践，使学生了解本土测评工具的构成、特点和应用，帮助学生了解中国人才测评市场的现状，并激发学生对西方舶来的管理工具在中国的改造及应用的兴趣，提高学生对快速发展的、体现中国文化特色的管理工具和实践的自豪感。

第七讲　培训与开发

■ 专业教学目标

1. 理解培训与开发的概念及内涵。

2. 理解培训与开发体系的功能、流程及主要工作内容。

3. 确定培训与开发的需求和目标。

4. 掌握培训与开发项目的设计。

5. 掌握培训与开发的关键技术方法。

6. 理解培训与开发项目的效果评价。

■ 思政元素分析与相关知识板块

本章关注人力资源的培训与开发。培训与开发是企业提升员工技能、知识、观念和工作效率的正式管理干预方式。本章首先提出了培训与开发的概念，并说明了培训与开发体系在组织中的战略价值。然后，本章强调了企业培训与开发的四阶段流程。在这一四阶段流程的基础上，分别说明了培训与开发的需求分析、项目设计、项目实施中涉及的关键技术。最后是针对培训与开发项目的效果评价。

■ 课程思政的教学实施方案

知识点 1：人力资源开发项目的效果评价。

教学方式：课堂讲授。

对思政目标的支撑：具备客观理性精神。

思政融合讲解策略：从人力资源投资的视角，以中国某著名钢铁企业的培训项目效果评价为例，说明人力资源开发的价值和对企业经营的意义，引导学生运用不同层次的指标评价人力资源开发带来的价值增值和投入产出效率，使学生客观理性地看待人力资源开发的战略价值。

知识点 2：培训的相关法律。

教学方式：课堂讲授。

对思政目标的支撑：合法合规。

思政融合讲解策略：通过对《中华人民共和国劳动法》《中华人民共和国劳动合同法》中有关法条的介绍，说明培训对员工流动及薪酬的影响，以及企业如何运用法律工具来优化员工培训后的留任，引导学生关注如何运用合法手段来保障企业和员工在人力资源开发及投入过程中的合法利益。

第八讲 职业规划与职业发展

■ 专业教学目标

1. 理解工作保障与职业保障。

2. 理解职业与职业发展的概念。

3. 理解职业发展的流程及规划系统模型。

4. 理解职业发展的重要理论：职业发展阶段、职业性向、职业锚。

5. 理解职业特性理论与工作选择。

6. 理解不同类型的职业轨迹。

■ 思政元素分析与相关知识板块

本章关注企业员工的职业发展规划。与上一章的培训与开发不同，职业规划与职业发展是从较长时间维度、以员工需求为主导开展的人员管理干预活动。因此，本章在一开始就提出职业规划与职业发展如何设法平衡企业发展需要与员工个人需要，并在此基础上提出了与职业发展相关的一些重要概念和理论。本章试图从员工个人及企业两个视角来说明职业发展规划的流程和技术，并探讨网络大潮下员工职业价值观和心理预期的变化，以及这一变化对组织人员管理的影响。

■ 课程思政的教学实施方案

知识点 1：人力资源管理者的职业发展。

教学方式：课堂讲授。

对思政目标的支撑：具备管理伦理意识。

思政融合讲解策略：基于本章的职业生命周期理论，结合中国人力资源管理的历史发展及机遇、中国人力资源管理职业资格要求及其变化，向学生说明人力资源管理从业者的职业发展轨迹，引导学生思考时代背景下的个人职业发展机会，以及个人命运与时代、国家发展的密切关系。

知识点 2：人力资源管理者的职业伦理与责任。

教学方式：课堂讲授。

对思政目标的支撑：诚信敬业。

思政融合讲解策略：以近期人力资源管理者的职业伦理热点问题为例，引导学生思考多个人力资源管理者行为偏差引发的热点问题，分析人力资源管理者的职业行为与职业伦理，提升学生对道德、伦理、诚信、自律的职业敏感度。

第九讲　绩效管理与评价

■ 专业教学目标

1. 理解绩效管理与绩效评价的概念。

2. 理解绩效管理系统在人力资源管理体系中的作用及其发展历程。

3. 理解绩效管理系统的构建及关键绩效指标的开发。

4. 理解主要的绩效评价技术。

5. 理解绩效评价的评价者及 360 度反馈。

6. 掌握绩效反馈及绩效结果的应用。

■ 思政元素分析与相关知识板块

本章关注企业用人及育人中的绩效管理过程。绩效管理被视为企业的一个重要内部控制机制，也是企业评价其人力资源管理系统成败的重要结果指标。本章的内容与第十章"薪酬管理"高度相关。本章首先说明了与绩效管理相关的重要概念,并简要说明了绩效管理思想的发展历程;然后介绍了绩效的闭环管理流程。本章的重点内容在于介绍绩效管理流程的各阶段设计,包括绩效目标的分解、绩效信息的收集方法、绩效的评价者、绩效评价周期选择,以及绩效反馈和绩效结果的应用。

■ 课程思政的教学实施方案

知识点 1:绩效评价方法的实际应用。

教学方式:课堂讲授及案例讨论。

对思政目标的支撑:具备客观理性精神。

思政融合讲解策略:向学生讲授绩效评价方法在中国企业的实际应用。通过介绍中国华为的绩效评价方法来引导学生关注中国优秀企业如何将企业战略、组织文化与绩效评估整合,并通过管理创新来提升组织绩效。

知识点 2:绩效评估的相关法律。

教学方式:课堂讲授。

对思政目标的支撑:合法合规。

思政融合讲解策略:通过对《中华人民共和国劳动法》《中华人民共和国劳动合同法》中有关绩效评估、岗位调整、劳动合同变更与解除的法条的介绍,说明绩效评估在导致劳动合同变更、解除时可能存在的法律问题,以及如何优化绩效管理系统设计和管理执行来降低违法风险,引导学生关注运用合法手段保障企业和员工在人力资源管理过程中的合法利益。

第十讲 薪 酬 管 理

■ 专业教学目标

1. 理解薪酬管理的概念。

2. 理解薪酬的构成及公平理论。

3. 理解薪酬设计的流程和主要工作内容。

4. 理解职位评价与薪酬调查。

5. 理解企业工资体系的选择及影响因素。

6. 掌握绩效工资的功能、设计思路和关键技术方法。

7. 理解福利的定义和功能。

8. 理解法定福利的构成。

9. 理解企业福利的常见形式。

10. 理解自助餐式的福利及其管理。

11. 理解工作特征与非货币性薪酬。

■ 思政元素分析与相关知识板块

本章涉及管理者高度重视的薪酬与激励问题。由于劳动力成本对组织财务绩效的影响重大,因此能否有效设计经济性报酬并控制其成本,是企业薪酬管理制度设计的核心关注点。本章在说明薪酬的概念及其主要构成部分后,强调了理想的薪酬设计方案的特征。接下来,本章分别说明了基本工资的设计依据、主要技术、不同的工资体系及其发展,可变工资的不同支付依据和设计方案,以及福利的不同形式和功能。本章主要关注经济性报酬的部分,但随着员工价值观的改变,整体性薪酬成为企业薪酬管理的显学,也因此,工作特征及非货币性报酬也在本章有所涉及。

■ 课程思政的教学实施方案

知识点 1:技术人员的物质激励。

教学方式:课堂讲授。

对思政目标的支撑:具备客观理性精神。

思政融合讲解策略:以腾讯的人才激励为例,说明多种物质激励手段的组合运用,以及如何有效运用物质激励、事业激励和情感激励来引导员工更加努力和提升绩效,使学生以客观理性的态度看待物质激励与内在激励的关系。

知识点 2:非货币性工作特征的激励作用。

教学方式:课堂讲授。

对思政目标的支撑:具有社会责任感。

思政融合讲解策略:从人力资源管理的视角探讨运用工作设计与工作特性实现对员工的激励和行为引导。通过对快递员的工作特性和货币工资制度的分析,说明工作特性如何与货币收入共同作用来提升员工的努力程度,引导学生思考如何在提升企业生产率的同时,保障员工的合法权益。

三、"人力资源管理"课程思政元素总览表

表 4 - 2 　　　　　　　　　　"人力资源管理"课程思政元素总览

课程章节	主要教学内容	主要课程思政元素	专业思政维度（一级指标）
第一讲 人力资源管理概论	中国企业在人力资源管理实践中面对的热点和难点问题	关注国情与民生	家国情怀
第二讲 战略性人力资源管理体系的设计	战略性人力资源管理系统的构建与中国企业创新实践	关注国情与民生	家国情怀
第三讲 人力资源管理的基础——职位分析与素质模型构建	大数据、人工智能的发展对组织及人员管理的影响	关注国情与民生	家国情怀
	中国企业在员工素质构建及人力资源开发系统上的创新实践	坚定文化自信	家国情怀
第四讲 战略规划与人力资源规划	中国企业在成功业务转型而导致人力资源短缺时，采用的创新应用方案	具有社会责任感	社会责任
第五讲 招聘	中国企业创新性地应用社交媒体开展垂直招聘、改善招聘信息发布渠道的效率	具有创新创造与企业家精神	科学精神
	中国劳动法规对企业招聘的法律规定，使学生了解依法开展人员招聘的要点，并引导学生思考中外法律的差异	合法合规	法治精神
第六讲 甄选	将多种人员甄选工具整合并用于人员甄选决策（以大学毕业生甄选为例）	具备客观理性精神	科学精神
	心理测评工具在中国企业人才甄选中的应用及其本土化发展	坚定文化自信	家国情怀
第七讲 培训与开发	中国企业如何评价与优化人力资源开发项目的投入产出效率	具备客观理性精神	科学精神

课程章节	主要教学内容	主要课程思政元素	专业思政维度（一级指标）
第七讲 培训与开发	中国企业在培训及后续留任时，应关注的法律问题	合法合规	法治精神
第八讲 职业规划与职业发展	以中国人力资源管理实践领域的历史及机遇说明人力资源管理从业者的职业发展轨迹，引导学生思考时代大潮中的个人职业发展机会	具备管理伦理意识	社会责任感
	人力资源管理从业者的职业伦理与诚信	诚信敬业	法治精神
第九讲 绩效管理与评价	以华为的绩效评价为例，引导学生关注中国优秀企业如何整合企业战略、组织文化与绩效评价，并通过管理创新来提升组织绩效	具备客观理性精神	科学精神
	通过对《中华人民共和国劳动法》《中华人民共和国劳动合同法》中有关法条的介绍，说明绩效评价在导致劳动合同变更、解除时应注意的问题，以及如何优化绩效管理系统来降低违法风险	合法合规	法治精神
第十讲 薪酬管理	薪酬设计在中国企业技术人员激励中的应用	具备客观理性精神	科学精神
	工作设计与工作特性对员工的激励	具有社会责任感	社会责任

第五章 "运营管理"课程思政
教学指南

2016 年 12 月,习近平总书记在全国高校思想政治工作会议中指出,思想政治理论课要坚持在改进中加强,提升思想政治教育亲和力和针对性,满足学生成长发展需求和期待,其他各门课都要守好一段渠、种好责任田,使各类课程与思想政治理论课同向同行,形成协同效应,构建"三位一体"的培养模式,实现人才培养规格融知识、能力、素质为一体,人才培养内容融学生通识能力、专业基础能力、专业发展能力为一体,人才培养途径融课堂教学、实验实训、校园文化活动三个培养平台为一体。为此,本课程制定如下课程思政教学指南。

一、"运营管理"课程的专业教学体系与课程思政教学目标

(一)"运营管理"课程简介

1. 课程主要内容

运营管理是对生产实物或交付服务产品的企业和组织进行设计、运营和改进的系统思维与理论方法。运营管理的主要目标是在满足顾客需求的前提下,提升流程效率、优化资源利用、保证产品质量、降低生产成本和能源消耗等。传统的运营管理理论主要关注制造领域。但随着现代服务业的发展,运营管理的相关理论与方法越来越多地被应用于医疗健康、金融证券、教育咨询和公共事业等服务领域,并且发挥着越来越重要的作用。

"运营管理"是管理类专业核心课程。运营管理与营销管理、财务管理并称为任何组织的三大基本职能。运营管理与供应链管理是提高全球商业生产

率的关键要素，是各组织提高效率、降低成本，继而提升竞争力不可或缺的途径。

本课程的主要内容包括六大核心模块：绪论、系统设计、运作管理、质量管理、服务运营管理、运营系统的发展。这六大模块包含十三章：绪论模块介绍运营管理的基本概念、发展历史和运营战略；系统设计模块包含生产系统设计和新产品/新服务的开发；运作管理模块包含具有逻辑性的四个部分——需求预测、生产计划、库存管理和流程管理；质量管理模块包括产品与服务质量管理的理论和方法；服务运营管理模块是顺应全球服务业在 GDP 中的比重不断增加和服务业从业人数占比不断增加的趋势，重点讨论服务收益管理、服务流程管理、服务运营与排队管理；最后是关于运营系统最新的管理技术发展，主要介绍了准时生产制和其他新技术驱动下的新运营。

2. 专业教学目标

本课程的教学目的在于向学生系统地阐述有关运营管理方面的基本知识和一般原理，使学生对运营管理的基本概念、运营战略、运营流程、生产计划与需求管理、库存管理、制造资源计划等方面的基本范畴、内在关系及其运动规律有比较系统的掌握；同时，通过介绍国内外运营管理最新的理论发展和实践动态，加深对运营管理理论和新趋势的理解和认识，增强综合分析问题和解决问题的能力，并为今后学习物流、供应链等课程打好理论基础。

3. 教材与课程特色

任何组织都需要将其输入转换为相应的输出，以其产品或服务满足需求，并谋求生存和发展。当服务业从业人数占比和产值占 GDP 的比重不断升高，进而成为全球范围内的普遍现象时，运营管理中有关服务运营的内容就不断增加，以适应组织人才培养的需要。不论专业、行业和组织，其存在的社会价值都必定通过运营来实现。

"运营管理"的授课内容和知识结构，主要来自西方相对成熟的学科体系。长期以来，运营管理的教材主要有两类：一类来自国外教材的翻译版本，另一类脱胎于传统的生产计划与控制体系。前者在翻译上存在不足，且案例都来自国外企业，学生们不熟悉;后者聚焦制造业运营,不能满足服务业高速增长和不断发展的需要。中国特色鲜明的法律环境和企业发展实践要求课堂教学过程将中国企业面临的现实环境和问题纳入其中。

作为专业基础课和公共核心课,我们期待学生通过学习,不仅能掌握全面的专业管理知识、严密的管理问题分析技能,而且能了解运营管理专业活动的职业伦理,树立正确的价值观、世界观、人生观,并了解、继承中国已经取得的丰硕文化成果,且据此对21世纪运营管理的新需要作出突出贡献。我们编写了具有鲜明专业特色、体系严密的《运营管理》教材,由中国人民大学出版社出版,被列入"21世纪管理科学与工程系列教材"。本教材强调专业知识与育人元素的融合,实现知识传授和价值引领的有机统一,立足于社会,立足于成就,立足于将来,努力实现回归常识、回归本分、回归初心和回归梦想四个方面的要求,以求课程内涵建设和教学质量提升,以此激发学生的责任感和使命感,强调适应社会需要的公民素养的建立。

具体来看,本教材的特色如下:(1)注重服务运营。本教材是为了满足组织运营管理的新发展需要,特别是服务运营管理的需要而编写的。与大多数教材注重制造业不同,本教材着重于服务运营,包括新服务的开发、服务运营管理、服务收益管理、服务流程管理、服务质量管理、排队管理等。(2)注重实践基础性。为满足这一要求,我们对概念的选择注重基础性,对方法的介绍注重实践性。(3)注重国内运营案例的引导。随着我国经济的不断发展,尤其是我国企业在全球竞争环境中地位的不断提升,涌现了许多优秀的企业运营案例。在教材的编写过程中,我们用大量时间参观案例企业,紧紧围绕本教材的理论进行案例的收集、整理和撰写,以激发学生的兴趣和启发学生思考。

"运营管理"课程在工商管理类专业学生的培养中具有非常重要的地位,是教育部指定的工商管理类专业的核心课程和经管类专业的基础课程,具有基础性强、开课面广、影响范围大的特点。具体地看,课程的特色有如下几点:

第一,运营管理是任何一个组织都不可或缺的职能管理。作为一个组织的三大基本职能之一,运营管理对内决定了企业的效率、质量,对外则支撑了组织的竞争力。因此,本课程在国内外知名商学院都是专业核心课,是其他管理专业课程的基础。

第二,运营管理涵盖的面很广。从运营系统的设计、产品/服务的设计,到日常运作,再到系统的改进等,从战略层面到操作层面,从每日每时的管理到五年以上的长期计划,运营管理都将其系统纳入,力图科学、全面、系统地掌握运营对象——运营系统。

第三,运营管理的对象——运营系统各不相同。生产运营与服务运营、国内运营与跨国运营、广义运营(供应链)与狭义运营、实体运营与虚拟运营、线下运营与线上运营等,不同的系统蕴含着不同的规律,需要不同的理论解读,不同的理论要适应不同的具体运营系统。

第四,运营管理的发展历史悠久且不断创新。从早期的手工作坊、科学管理等,到福特的大规模生产、丰田生产方式,再到大规模延迟制造、网络环境下的共享经济,运营管理的发展历久弥新。

第五,运营管理是企业成功的基石。能够长期有效运营的企业无一不是具有不断创新的运营系统和自我革新的卓越运营管理能力。有关运营模式的不断创新已经成为行业变革和企业创新的典型形式。

"运营管理"作为我校工商管理类专业学科的公共课,教授面覆盖了工商管理、运营管理、市场营销、人力资源、国际贸易专业的学生,以及会计学院、统计管理学院、金融学院的学科公共课。在此背景下,以许淑君为负责人,自 2008 年起进行了"运营管理"课程建设,先后顺利主持完成了"运营管理"的本科校级重点课程建设、本科校级精品课程建设、市级精品课程建设、研究生精品课程建设,完成了《运营管理》教材的第一版和第二版的编写出版工作,以及线上课程建设、案例库建设和习题库建设,并完成了与之相匹配的《运营管理——供需匹配视角》的翻译出版工作,积极推动课程的教学实践活动。

(二)"运营管理"课程思政特征分析与教学目标

1. "运营管理"课程思政特征分析

为制定思政教学目标,有必要先分析"运营管理"课程思政特征,以实现课程思政的高度融合。

在宏观上充分体现国家的发展规划,在微观上充分体现家国情怀与人文精神,紧紧贴合企业实践;理论创新与实践拓展交相辉映;既汲取国际经验,又融合本土文化与国情特色;理论体系完整全面,创新创造前途远大。在法律法规、管理伦理方面,都需要有明确、坚实的基础和不容忽视的规范。放眼全球,脚踏实地,在实现国内国际双循环中的作用显著。

将视角从组织转移到学生个体,运营管理理论同样适用。从战略高度把握学生的发展方向,像开发新产品一样让学生拓展自己的能力边界、提高知识水平、做好个人的职业规划,秉持自律严谨的态度和全局视野来搞好学习和工作,用运营流程的理论培养情商,时刻注意检查自己的学习成长,注意吸收新知识、新技术、新思想,以提升自身的职场竞争力和社会适应能力。

2. "运营管理"课程思政教学目标

基于"运营管理"课程思政特征,为培养践行社会主义核心价值观,德智体美劳全面发展的社会主义事业可靠接班人和合格建设者,遵循"思行合一、交融成艺"的教育理念,教育学生树立职业道德,正确处理各方利益关系。在专业教学中进行社会主义核心价值观、道德观和法制观的教育,使学生在将来的工作中做到诚实守信,培养具有政治认同、爱国情操、文化自信、公民意识、科学思维、国际视野、专业精神,掌握扎实的运营管理基本知识、基础理论和方法模型,能胜任相关运营管理、质量管理、库存管理、流程管理等工作,并能面向未来,具备较强的创新意识及终身学习、文化适应、团队合作和组织管理等能力的综合性工商管理专业卓越人才。

将思政元素融入课程,贯穿于教育教学全过程,同向同行,与课程知识点紧密结合,做到春风化雨、润物无声,最终完成立德树人的根本任务,实现从经师(学有专长,态度严谨,饱读经书,授人一技之长)到人师(不仅有高深的学问,而且德行高尚、足为楷模)的转变。"己欲立而立人,己欲达而达人",帮助学生拥有更完整的人格和面对世界的能力。

本课程思政元素与知识点的关联如表 5-1 所示。

表 5 - 1   **本课程思政元素与知识点的关联**

一级指标	二级指标	与本课程知识点的关联
社会责任	具备管理伦理意识	熟悉当前社会的管理伦理,使运营管理决策与管理过程符合管理伦理。运营管理的传授和实践都需要符合管理伦理的背景与要求。让学生体会管理伦理对于运营管理的重要性,从而激发学生的管理伦理意识
	具有社会责任感	具备较强的社会责任感,关注社会发展,勇于担当。学生的社会责任感不仅关系着学生自身的发展,而且关系着中华民族伟大复兴中国梦的实现。把责任感融入运营管理的学习与实践中
家国情怀	关注国情与民生	热爱祖国,认同并践行中华民族伟大复兴中国梦并为之努力,理解并认同中华优秀传统文化。通过案例教学、文献阅读等形式,让学生从课堂案例和实践中体会祖国的日益强大,增强民族自豪感和勇于担当、振兴祖国的责任感。例如,借嫦娥五号发射场选址问题,让学生了解我国三个发射中心、四个发射场的选址要求,厚植爱国主义情怀,坚定"四个自信"
	坚定文化自信	了解并认同中国共产党的革命文化,了解并认同中国特色社会主义文化。文化自信是一个民族、一个国家和一个政党对自身文化价值的充分肯定与积极践行,并对其文化的生命力持有的坚定信心。运营管理的对象是处于一定文化中的组织,其具有厚实的课程思政文化基础。在运营管理教学中,注意挖掘和体会社会、人文等思想元素并融入专业知识的传授与运用,开展课程思政教学
共同体理念	了解国际最佳实践	了解国际最佳运营实践,理解中国在国际竞争格局中的发展,掌握分析国际运营管理问题的思维框架。放眼全球,植根中国,洞悉我国的发展成就,理解我国还存在的"卡脖子"问题,将目标定位在更高层次上,以提升学生的运营管理知识水平和对实践问题的解决能力
科学精神	具有客观理性精神	具备严谨的逻辑思维,具备基本的数据验证思维,具备探索和求真的意识。客观理性精神的培养有利于学生社会竞争力的养成
	具有创新创造与企业家精神	具有创新意识和创新能力,精通运营管理的专业知识,能够用专业知识创造性地解决运营实践问题。通过案例教学、实践教学,让学生感受前沿的新技术,如信息技术、人工智能、智能制造、新能源、新材料等,培养富有活力、智慧引领的创新精神,在教学活动中让学生自由、自信地形成创新创造精神

一级指标	二级指标	与本课程知识点的关联
法治精神	合法合规	具备现代法治意识,遵守法律法规,具备包容精神。课程思政不仅要注重各项法律法规要求,培养学生的法律意识,而且要在运营管理热点案例中融入法律内容,在学生熟悉的生活中渗透法律知识,帮助学生树立正确的社会主义法治意识
	诚信敬业	诚实守信,敬业爱业,遵守社会规范。培养学生在我国经济和社会发展过程中的"螺丝钉"精神,岗位无轻重,贡献无大小,在一家企业、一个岗位上彰显职业操守,培养匠心精神,牢记服务人民的初心

二、"运营管理"各章节课程思政教学指南

第一讲 生产与运营管理

■ 专业教学目标

1. 学习生产的概念和生产系统的分类。

2. 理解运营职能充当的重要角色。

3. 掌握运营管理的主要内容及其如何对生产系统进行改进。

4. 了解运营管理作为一门学科的发展历史及其对企业产生的重大影响。

5. 了解当前运营管理的新环境和未来面临的新挑战。

■ 思政元素分析与相关知识板块

强调在运营管理中的社会主义核心价值观,培养学生的道德素养和崇高感。将思政元素融入运营管理概念中,教育学生从系统角度分析一个组织的问题,树立大视野、大价值;将环境保护融入运营管理的四大原则中,培养学生基本的环境保护理念。

■ 课程思政的教学实施方案

教学案例:只满足理性需求的 Patagonia 公司

教学方式:小组讨论,使学生充分表达对案例的看法,引导学生关注环境问题

及其对企业运营的影响。

第二讲　运　营　战　略

■ 专业教学目标

1. 学习战略与运营战略的基本概念和内容,以及两者之间的区别与联系。

2. 理解运营战略对企业竞争力的影响。

3. 掌握制定战略与运营战略的步骤和方法。

4. 理解运营战略与市场需求的匹配问题。

■ 思政元素分析与相关知识板块

从战略角度分析企业在运营战略中的社会责任。在讲授运营战略时,强调满足客户需求的同时,要注意满足理性需求,而不是非理性需求;在产品决策、选址等方面兼顾教书育人,让学生学会适应环境变化,立德树人。

■ 课程思政的教学实施方案

教学方式:课堂讲授。

启发式教学:启发学生思考什么样的战略才是好的战略。

知识点:可持续发展的战略。

可持续发展的战略主要包括三个方面:经济繁荣、环境管理和社会责任。对于经济繁荣,发展中国家和发达国家有不同意见,如果富裕的社会有能力为社会和环境作出贡献,就会有相应的潜在损失;环境管理是指尽可能地保护环境;社会责任是要造福员工,为社会创造价值。

强调企业制定运营策略时,不仅需要考虑经济因素,而且需要考虑环境因素和企业社会责任(企业员工福利和社会影响)。

第三讲　生产系统的设计

■ 专业教学目标

1. 了解生产系统的构成要素及设计原则。

2. 掌握厂址选择的影响因素及相关方法。

3. 学会生产单元的设计方法,能够分析企业生产单元的设计。

4. 了解企业产品设计和工艺选择的流程,学会运用制造设计。

■ 思政元素分析与相关知识板块

强调系统设计中的以人为本,强调企业的社会责任和道德素养。在生产系统的设计过程中,教育学生注意生产系统要以人为本,在进行选址等决策的时候,要注意与环境的适应性,注意思政元素的融入。

■ 课程思政的教学实施方案

案例教学:嫦娥五号的选址问题。

教学实践:由 2020 年底发射的嫦娥五号,提出卫星发射的选址问题。要求学生收集我国发射中心和发射场的情况,以及截至目前我国在航空航天领域取得的巨大成就,以提高学生的民族自豪感和文化自信。

第四讲 新产品／新服务开发

■ 专业教学目标

1. 了解新产品和新服务的概念及分类。

2. 掌握新产品开发战略的类型,学会进行新产品开发战略规划。

3. 学会分析新产品开发流程,了解质量功能展开的作用。

4. 了解新产品开发的组织特征,能够对新产品开发的组织进行合理创新。

5. 理解新产品开发的风险因素,掌握新产品开发风险控制的方法。

■ 思政元素分析与相关知识板块

强调产品的道德属性,在产品开发和服务开发中体现道德内涵建设。引导学生认识自己,努力开发自己的潜力,以新产品开发的思维,努力实现从职业、事业到志业的境界提升。

■ 课程思政的教学实施方案

启发式教学:在完成课堂理论知识讲授以后,要求学生思考如何开发自己,使自己成为具有职场竞争力和社会适应能力的人才。

第五讲 需 求 预 测

■ 专业教学目标

1. 了解不同的决策需要不同的预测方法。

2. 理解四个最重要的定性方法及其日常使用的判断。

3. 掌握简单移动平均法和加权移动平均法的运用，并掌握其 Excel 的运用方法。

4. 掌握一次指数平滑法和二次指数平滑法的运用，并能用 Excel 解决一次指数平滑法的运用问题。

5. 掌握运用一元线性回归模型进行需求预测的程序和方法。

6. 了解在预测中的两类误差是偏差和方差。

■ 思政元素分析与相关知识板块

考虑预测中的人本因素和决策中的价值观体现。在需求预测方面，启发学生的同理心。只有具备同理心，才能真正领会顾客的需求，掌握顾客的心理，从而实现对需求的预测。

■ 课程思政的教学实施方案

阅读分析：要求学生提前阅读"外卖骑手，困在系统里"。

课堂讲授：先随机选择学生回答课前布置的问题，然后引用"外卖骑手的解困之策"，从法律法规、企业绩效、市场需求等方面破解外卖骑手的难题。

第六讲　企业综合计划体系

■ 专业教学目标

1. 描述生产计划系统的框架，说明其中主要计划的作用和相互联系。

2. 解释为什么生产计划应当是分层的。

3. 理解规模经济和产能柔性。

4. 学会几种确定产能的方法，并掌握盈亏平衡法和决策树法。

5. 当需求给定时，学会在多种策略中选择最佳策略。

■ 思政元素分析与相关知识板块

强调生产计划系统建设中的价值引领。在全面认识企业综合技术的基础上，引导学生注意企业排程中的劳动者生理和心理需求，寻求企业多方面的协同合作，共同进退。

■ 课程思政的教学实施方案

课堂讲授与课后小组作业：MacPherson 公司的生产计划。

随机选择小组汇报作业情况，引导学生在编制计划时关注法律法规的要求，以人为本提高计划的可执行性。

第七讲 独立需求的库存管理

■ 专业教学目标

1. 掌握库存的定义、性质与作用。

2. 理解几类影响企业库存决策的成本。

3. 了解有效库存管理的条件。

4. 了解几种库存管理系统。

5. 学会使用库存模型来解决库存相关问题。

6. 了解库存管理在服务业中的应用。

■ 思政元素分析与相关知识板块

强调库存的社会属性，强调适应社会的价值体系。启发学生观察全社会的库存问题，启发学生认清资本主义经济危机的本质，让学生全面了解库存的利弊，学会避免过多库存造成的社会浪费。

■ 课程思政的教学实施方案

课堂讲授：从牛鞭效应谈企业间的协作共赢。

通过介绍牛鞭效应，强调协调合作以及信息共享的重要性。

第八讲 运营流程管理

■ 专业教学目标

1. 理解流程管理的概念和特点。

2. 熟悉制造型企业和服务型企业的流程结构。

3. 学会绘制流程图，并利用流程图进行流程分析。

4. 熟悉流程分析的步骤和内容。

5. 善于进行跨组织的流程分析，以提升组织运营效率。

6. 掌握运营流程的绩效衡量办法。

7. 理解流程再造的原则及其步骤。

■ 思政元素分析与相关知识板块

回归流程管理为人服务的本意。启发学生从流程的关键节点上注意工作中的协调，从流程管理的角度培养学生的情商。

■ 课程思政的教学实施方案

课前问题：职场新人如何适应职场压力，做一个有效率的可靠人？

启发式教学：注重办事流程，培养职场情商。

第九讲　质量管理理论与方法

■ 专业教学目标

1. 掌握质量及质量管理的概念，了解质量大师的质量观。

2. 理解质量策划、质量检验、质量改进。

3. 了解质量管理工具和质量统计方法，学会相关计算。

4. 理解六西格玛质量管理。

5. 理解服务质量管理的意义，并掌握如何管理和测量服务质量。

6. 学会分析服务承诺与服务质量之间的关系。

7. 掌握全面质量管理的概念，理解全面质量管理的实施过程。

8. 理解 PDCA 循环。

■ 思政元素分析与相关知识板块

从质量管理的社会属性出发，强调质量管理的价值观和道德观，通过质量管理来实现中国梦。在讲授质量管理的理论与方法后，启发学生逐步完善自我，实现从小我到大我，在思想上逐渐成长。

■ 课程思政的教学实施方案

案例阅读：5G 时代马桶工厂基于新技术的运营系统改进。

知识点：通过 5G 网络和物联网，将传统的施釉工程师从尘肺病的危险中解脱出来，同时实现增效降本的目标。

介绍质量管理时,强调一个小错误会使最终产品变成残次品,进而阐述"千里之堤,毁于蚁穴"的道理。

第十讲 服务收益管理

■ 专业教学目标

1. 掌握服务收益管理的本质特征。

2. 理解服务收益管理的方法。

3. 理解收益管理在各行业的应用。

■ 思政元素分析与相关知识板块

在讲授服务收益管理的理论和方法后,让学生理解服务收益管理的本质在于服务能力的难变和需求的快变,启发学生领会收益管理的策略在于基于需求进行动态定价,培养学生从服务系统的角度认识收益管理的必要性并学会在供需协调层面认识服务能力的建立不可过度,避免可能的无序竞争,建立良性竞争观。

■ 课程思政的教学实施方案

课堂游戏:美联航的收益管理。

课堂讲授:从收益管理看供需协调,谨慎扩大服务能力。讨论我国的过剩产能淘汰问题。

第十一讲 服 务 流 程

■ 专业教学目标

1. 掌握服务流程的含义与类型。

2. 理解服务企业组织设计的理念,并掌握组织结构的类型。

3. 掌握服务流程设计的原则与步骤,学会选择服务流程。

4. 全面掌握服务流程与顾客之间的关系,并理解服务交锋的含义与应用。

5. 了解服务蓝图的内涵,并学会绘制服务蓝图。

■ 思政元素分析与相关知识板块

强调流程管理中的道德观。在服务流程的讲授过程中,启发学生观察身边的服务流程问题,学会对服务流程进行根本性的再思考,不断优化流程以提高企业业绩。培养学生的创新性和批判性思维能力。

■ 课程思政的教学实施方案

课前作业:启发学生从运营管理专业知识角度关注身边的流程管理问题,如体检流程等。

课后讨论:如何解决实际流程问题。

第十二讲　排队论与服务运营

■ 专业教学目标

1. 掌握排队论问题的结构。

2. 了解几种常见的排队模型及其公式。

3. 了解排队问题的几种经济学和管理学解释。

■ 思政元素分析与相关知识板块

排队心理学应用体现价值引领。在排队论讲授过程中,注意联系排队的常见现象,从排队心理学角度启发学生管理排队问题。

■ 课程思政的教学实施方案

启发教学:从如何处理排队的公平性问题引出等候心理学理论。

课后作业:分析实际的排队问题。

第十三讲　运营系统的新管理技术

■ 专业教学目标

1. 理解准时制生产的实施过程。

2. 理解准时制生产在服务业的应用。

3. 理解大规模生产到大规模定制的过程。

4. 掌握模块化设计、模块化生产、延迟制造、同步制造的内涵。

5. 理解 3D 打印技术对运营管理的颠覆性意义。

6. 理解并充分想象工业 4.0 带来的运营变革。

■ 思政元素分析与相关知识板块

强调国际视野,启发学生关注运营管理的新技术,培养学生不断学习的能力和不断自我提升的愿望。

■ 课程思政的教学实施方案

案例教学:看 5G 技术如何实现企业的降本增效。

以 3D 打印和工业 4.0 为基础,启发学生关注新技术对运营管理的影响,激发学生对于第四次工业革命的兴趣,做好迎接未来挑战的准备。

三、"运营管理"课程思政元素总览表

表 5 - 2   "运营管理"课程思政元素总览

课程章节	主要教学内容	主要课程思政元素	专业思政维度（一级指标）
第一讲 生产与运营管理	生产的概念和生产系统的分类	了解全球最佳运营管理实践,能够客观理性地掌握运营管理的基本概念	共同体理念 科学精神
	运营管理的主要内容及其对生产系统的改进	客观理性精神、创新创造精神、合法合规	科学精神 法治精神
	当前运营管理的新环境和未来面临的新挑战	关注国情,保持文化自信,了解全球最佳实践,客观理性地创新创造	家国情怀 共同体理念 科学精神
第二讲 运营战略	战略与运营管理的基本概念和内容以及运营战略对企业竞争力的影响	知晓全球最佳运营战略,客观理性地分析,基于企业实际创造性地制定运营战略	共同体理念 科学精神
	制定战略和运营战略的步骤与方法	科学、理性、客观地进行运营战略的制定与实施	科学精神

续表

课程章节	主要教学内容	主要课程思政元素	专业思政维度（一级指标）
第二讲 运营战略	理解运营战略与市场需求的匹配问题	拥有强烈的社会责任感去认识市场需求，关注我国企业所处的实际国情背景，准确把握市场需求，同时要合理合法	社会责任 家国情怀 共同体理念 科学精神 法治精神
第三讲 生产系统的设计	了解生产系统的构成要素及设计原则	客观理性地分析生产系统的环境	科学精神
	掌握厂址选择的影响因素及相关方法，学会生产单元的设计方法	在厂址选择中注意企业的社会责任，并立足于诚信敬业的精神和面向国际化竞争格局，科学理性地进行选址	社会责任 家国情怀 共同体理念 科学精神
	了解企业产品设计和工艺选择的流程	客观理性地分析和运用相关知识，创造性地进行产品设计和工艺选择	科学精神
第四讲 新产品/新服务开发	了解新产品和新服务的概念，掌握新产品开发战略的类型，学会进行新产品开发战略规划	科学理性地进行新产品/新服务的开发，肩负起企业应有的社会责任，关注国情，保有文化自信，诚信敬业，同时注意合理合法	社会责任 家国情怀 共同体理念 科学精神 法治精神
	学会分析新产品开发流程，了解质量功能展开的作用	新产品开发要注意管理伦理和社会责任，要客观、科学、理性	社会责任 科学精神
	了解新产品开发的组织特征，能够对新产品开发的组织进行创新	基于全球最佳实践进行新产品开发组织，要有创新意识	共同体理念 科学精神
	理解新产品开发的风险因素，掌握新产品开发风险控制的方法	新产品开发风险控制要客观理性，兼顾创新和法律要求，符合管理伦理，体现民族精神	社会责任 家国情怀 共同体理念 科学精神 法治精神
第五讲 需求预测	了解不同预测方法，理解四个最重要的定性方法	知晓预测方法及其在全球的运用，科学、客观、理性地进行需求分析	共同体理念 科学精神

续表

课程章节	主要教学内容	主要课程思政元素	专业思政维度（一级指标）
第五讲 需求预测	运用简单移动平均法和加权移动平均法预测,掌握一次指数平滑法和二次指数平滑法,能运用一元线性回归模型进行预测	客观理性地进行预测,同时注意理论创新和实践创新	科学精神
	掌握预测误差及其计算	预测误差可能导致较大的社会影响,因此需要科学、理性、客观,体现社会责任	社会责任 科学精神
第六讲 企业综合计划体系	描述生产计划系统的框架,说明其中的相关关系	从运营管理逻辑出发,科学、理性、客观地进行数据验证,探索各因素之间的关系	科学精神
	理解生产计划的层次,理解规模经济和产能柔性	逻辑严谨地分析,把握适度规模,尤其在宏观层面上,避免过剩产能	家国情怀 科学精神
	掌握确定产能的方法	既要客观理性,又要从具体的实际出发确定产能	科学精神
	掌握生产计划制订策略	探索具体生产计划的制订策略,遵守法律法规,以人为本	科学精神 法治精神
第七讲 独立需求的库存管理	掌握库存的概念及其成本决策	库存决策既要客观理性,又要基于实践进行应用创新	科学精神
	了解有效库存管理的条件和库存管理系统	库存有利有弊,从社会角度看,过多库存会造成社会财富的极大浪费。有效的库存管理需要兼顾社会责任和科学精神	社会责任 科学精神
	掌握库存模型以解决库存决策问题	库存问题的决策在全球范围不断创新。库存决策需要不断学习,不断探索	共同体理念 科学精神
第八讲 运营流程管理	理解流程管理的概念,掌握流程结构	流程管理需要严谨的逻辑思维和探索求真精神	科学精神

课程章节	主要教学内容	主要课程思政元素	专业思政维度 （一级指标）
第八讲 运营流程管理	学会绘制流程图并进行流程分析	实事求是、客观理性地进行流程分析，避免认知偏见	科学精神
	掌握运用流程的绩效衡量方法	严谨认真对待流程绩效衡量，同时注意社会责任，要为员工和社会谋福利	社会责任 科学精神
	理解流程再造的原则与步骤	在实现社会利益的前提下，思考流程再造的逻辑性和实践性	社会责任 科学精神
第九讲 质量管理理论 与方法	掌握质量及质量管理的概念	质量管理不仅需要经验，而且需要数理统计方法等科学方法；同时，在质量管理决策中要具有法律意识，不得损害他人利益	科学精神 法治精神
	理解质量策划、质量检验和质量改进，掌握质量管理工具与方法	质量不仅关乎企业的生死，而且关乎社会利益，质量管理要能够提升企业的国际竞争力，要合理、合法、合规	社会责任 共同体理念 科学精神 法治精神
	理解六西格玛质量管理	六西格玛在全球的最佳实践值得学习，但必须基于我国国情，具有科学理性的态度	家国情怀 共同体理念 科学精神
	理解全面质量管理、PDCA循环	全面质量管理需要全员具有强烈的社会责任感，要具有国际视野、遵守国际规范，要科学、客观、理性	社会责任 共同体理念 科学精神
第十讲 服务收益管理	掌握服务收益管理的概念	收益管理的基石是基本的数据验证思维，应不断探索更有效的策略	共同体理念 科学精神
	掌握服务收益管理的方法	在科学理性地进行收益管理之外，还需要考虑我国国情，如春运期间的火车票价等，要满足法律法规要求	社会责任 科学精神 法治精神

课程章节	主要教学内容	主要课程思政元素	专业思政维度（一级指标）
第十讲 服务收益管理	理解服务收益管理在各行业的应用	收益管理在车辆租赁、高铁客运、航空运输、酒店等行业的运用需要兼顾社会责任，如在地震等情形下要注意公益性	社会责任
第十一讲 服务流程	掌握服务流程的含义，理解服务组织设计及其结构类型	流程管理需要逻辑严密的论证、设计，需要合理选择流程类型，还需要承担必要的社会责任并形成良好的企业生态	社会责任 科学精神
	掌握服务流程设计的原则与步骤，学会选择服务流程	服务流程设计与选择要本着科学理性的逻辑进行	科学精神
	掌握服务流程与顾客之间的关系，学会绘制服务蓝图	服务流程对顾客的影响不仅在于短期利益，而且在于长期的社会责任，不同的服务流程需要具备创新性才能更贴合需求	社会责任 科学精神
第十二讲 排队论与服务运营	掌握排队论问题的概念和模型结构	随机服务系统理论强调对现实的模拟与假设，再进行逻辑验证	科学精神
	了解几种常见的排队模型及其计算	在处理排队模型时要高度科学理性，且需要不断进行数字验证	科学精神
	了解排队问题的经济学和管理学解释	排队管理要强调科学性，同时要体现公平意识和法律意识	科学精神 法治精神
第十三讲 运营系统的新管理技术	理解准时制生产的概念及其应用	准时制来源于日本汽车产业，对全球运营管理产生了深远影响，科学合理地使用准时制有利于我国企业降本增效	共同体理念 科学精神

续表

课程章节	主要教学内容	主要课程思政元素	专业思政维度 （一级指标）
第十三讲 运营系统的新 管理技术	理解从大规模生产到大规模定制的发展逻辑	从大规模生产到大规模定制的运营模式创新在全球的最佳实践具有很好的启发作用	共同体理念 科学精神
	掌握模块化设计生产、延迟制造、同步制造的内涵	模块化思维和运营、延迟制造、同步制造在全球的企业间相互借鉴和不断创新	共同体理念 科学精神
	理解 3D 打印、工业 4.0 等对运用管理的影响	新技术对全球运营管理的影响极其深远，我国企业的发展迅速，未来还需要不断验证、推广和运用	共同体理念 科学精神

第六章 "市场营销学"课程思政 教学指南

一、"市场营销学"课程的专业教学体系与课程思政教学目标

（一）"市场营销学"课程简介

本课程向学生充分展现市场营销实践与研究的社会价值,帮助学生掌握市场营销方面的基本知识和工具,使学生对市场营销活动的特点、包含的主要概念和理论、实践的主要工具有比较系统的掌握;同时,通过对国内外案例和最新理论研究动态的介绍与讨论,通过问题导向的项目实践作业,让学生完成应用类报告或学术论文,帮助学生实现以市场营销知识为主线的商学知识重构。

课程考核建议采用全过程、多元化的评价方式。通过本课程的学习,使学生在市场营销领域分析问题和解决问题的能力有显著提升,为今后全面系统了解商务和管理活动,或者进入科研深造打好基础。

1. 课程主要内容

课程教学内容的安排建议以"潜心问道"和"关注社会"为双重心来展开。

（1）"潜心问道"的主要内容

营销的社会责任:市场营销实践中的职业道德边界,市场营销实践与科学研究对社会的贡献。

营销课程知识点:以教材及辅助阅读材料为基础,推荐营销学科四大顶刊、心理学三大期刊经典论文进行营销研究方法学习,推荐高质量社交媒体科普号推文以帮助学生进行基本概念的深度解读。

营销领域顶尖科研成果:对各个小组在项目推进过程中读到的优质文献进行

在线分享;随着各小组作业的推进,每堂课会出现由现场讨论产生的经典概念与理论,作为定制化的教学内容。

（2）"关注社会"的主要内容

商业实践最佳案例:除了课堂上由教师分享的商业实践案例,课堂上还会进行商业时事讨论;此外,每周作业分享中会包括部分小组制作的最佳商业实践分享,建议多关注本土商业创新。

知社会,晓未来:课程的小组作业要求学生走进民众生活,走进国家发展进程,在限定主题下调研社会的一手资料并与全班同学分享,这也是课程学习的重要内容。

2. 专业教学目标

增强营销工作的社会责任感,提升学生的获得感,培养既了解前沿营销科学研究,又具备行业所需营销实践能力的学生,充分展现营销研究与实践的社会价值。

3. 教材与课程特色

（1）课程教材

指定教材:晁钢令,楼尊. 市场营销学[M]. 5 版. 上海:上海财经大学出版社,2018.

参考教材:[美]菲利普·科特勒,阿姆斯特朗. 市场营销:原理与实践[M]. 16 版. 楼尊,译. 北京:中国人民大学出版社,2015.

[美]菲利普·特勒,凯文·莱恩·凯勒. 营销管理[M]. 15 版. 何佳讯,于洪彦,牛永革,徐岚,董伊人,金钰,译. 上海:格致出版社,2016.

（2）课程特色

本课程是商科应用学科的专业基础课,课程特色体现在:

第一,密切结合市场经济。市场营销以市场经济建设为理论研究和教学应用的土壤。党的十一届三中全会以后,党中央提出了对外开放、对内搞活的总方针,从而为我国正式引进和研究市场营销学创造了有利的环境。随着我国经济体制改革步伐的加快,市场环境的改善为企业应用现代市场营销原理指导经营管理实践提供了有利条件,尤其是 1992 年春,邓小平南方谈话后,市场营销专业建设、科研发展和教学提升进入与市场经济建设密切同步的阶段。但是,市场营销理论从西方引入,原版教材中缺乏与中国特色社会主义经济建设相联系的内容,需要在课程教学过程中补充。

第二,鲜明展现时代特色。市场营销研究和教学在内容上要有鲜明时代特色,体现第四次技术革命——互联网对理论和实践的影响。互联网是 20 世纪的重大科技发明,是当代先进生产力的重要标志。互联网深刻影响着世界经济、政治、文化和社会的发展,促进了社会生产生活和信息传播的变革,对市场营销的研究和应用都产生了重大影响。互联网技术和应用场景的发展变化速度非常快,目前国内外的课程和教材在反映当下技术应用的内容上是不足的,需要在课程教学过程中补充。

第三,多元触达跨界理论。市场营销作为应用学科,其基础理论来自经济学、心理学和社会学,对教师理论知识的广度要求高。基础理论跨界多元,课程如果追究细节就有应接不暇的感觉;但是如果加强理论深度,则可以让学生在基本层面理解市场营销学的"以不变应万变",深刻理解理论的意义。对于研究型大学的教学而言,在增加理论深度的同时加强科学精神传播,能充分体现一流研究型本科院校的教学实力。

第四,充分拓展教学空间和时间,鼓励学生实践应用。传统的教学过程中,知识传授的课时偏多,练习和讨论偏少,导致学生对课程缺乏直观感受,认为本课程抽象而脱离实践,与生活联系不紧密,甚至认为只要期末突击复习就能获得好成绩,因而无法唤起学生的学习热情。本课程必须大量增加运用练习和课程讨论,提升随堂测试和课程作业对综合应用能力培养的要求,增强学生运用知识分析和解决企业营销现实问题的能力。

(二)"市场营销学"课程思政特征分析与教学目标

1. "市场营销学"课程思政特征分析

本课程的思政元素丰富,贴近国情民生。"市场营销学"课程的实践性强,在所有商科专业基础课程中,与国情民生最为贴近,思政元素贯穿了课程的始终。从认识市场和市场营销开始,就涉及对中国特色社会主义市场的认识;市场营销观念又与世界观、人生观和价值观等问题相关;市场营销环境分析直接关乎如何正确认识我国新时代的市场环境;消费者购买行为分析直接决定了如何对待消费者的思想认识;组织市场分析决定了应如何担当社会责任的思想观念;市场营销调研与预测涉及思想伦理与道德问题;战略规划与市场营销管理关乎中国应对世界市场竞争格局应采取的正确思想认识和应对措施;市场竞争策略关乎我国个人和组织的价值取向;等等。

本课程思政对象的人才培养要求与思政目标高度契合,即培养适应国家经济建设需要,具有人文精神与科学素养,掌握现代市场营销理论知识和营销技能,践行社会主义核心价值观,具有社会责任感、国际视野、本土情怀、创新意识、团队精神和沟通技能,既了解前沿营销科学研究,又具备行业所需营销实践能力的应用型、复合型和创新型人才。

2. "市场营销学"课程思政教学目标

基于"市场营销学"课程思政特征,培养践行社会主义核心价值观,德智体美劳全面发展的社会主义事业可靠接班人和合格建设者;培养具有政治认同、爱国情操、文化自信、公民意识、科学思维、国际视野以及专业精神,掌握扎实的市场营销学基础知识、基础理论和方法的专业人才;增强营销工作的社会责任感,提升学生的获得感,培养了解前沿营销科学研究和行业所需营销实践能力的学生,充分展现营销研究与实践的社会价值;加深学生对营销职能的理解,明确职业道德边界及营销活动的社会责任,使学生有能力在全球化和信息化背景中,在中国经济和文化特色基础上,洞察商业世界中的营销问题,让学生有能力充分理解并灵活运用学到的概念和理论解读市场、进行营销实践主要环节的基本操作,能够有创新地设计符合营销专业基本要求的解决方案或执行方案,且能够带领或参与团队合作以解决问题并服务社会,倡导合作共享的价值观。

"市场营销学"课程思政元素与知识点的关联如表6-1所示。

表6-1　　　　　　　"市场营销学"课程思政元素与知识点的关联

一级指标	二级指标	与本课程知识点的关联
社会责任	具有社会责任感	具备较强的社会责任感,关注社会发展,勇于担当。学生的社会责任感不仅关系着学生自身的发展,而且关系着中华民族伟大复兴中国梦的实现。把责任感融入营销管理的学习与实践中

一级指标	二级指标	与本课程知识点的关联
社会责任	具有公民意识	注重对学生公民意识的培养,让学生具备良好的营销管理道德、正确的营销管理理念和社会责任感,培养出具有公民意识、德才兼备的技能型营销人才,促进企业和社会的良性发展。社会责任与市场营销的有机结合现已成为企业发展的重要方面,也是企业履行社会责任的另一种表达方式,以实现社会价值的共创与共享,也是企业在履行社会责任方面的创新
家国情怀	坚定文化自信	了解并认同中国共产党的革命文化,了解并认同中国特色社会主义文化梦。文化自信是一个民族、一个国家以及一个政党对自身文化价值的充分肯定和积极践行,并对其文化的生命力持有坚定信心。市场营销学的对象身处一定文化中的组织,具有厚实的课程思政文化基础。在市场营销学的教学中,注意挖掘和体验社会人文等思想元素并融入专业知识的传授与运用,开展课程思政教学,不仅要精通专业理论知识,夯实实践能力基础,而且要有爱国主义情怀,从内心深处深认同国家的思想文化和社会制度,树立高度的文化自觉和文化自信
	关注国情与民生	热爱祖国,认同并践行中华民族伟大复兴中国梦并为之努力,理解并认同中华优秀传统文化。通过案例教学、文献阅读等形式,让学生从课堂案例中体会伟大祖国的日益强大,增强民族自豪感和勇于担当、振兴祖国的责任感,厚植爱国主义情怀,坚定"四个自信"
共同体理念	关注中国的全球化	全球化时代经济发展的特点促使高等教育顺应时代需求,培养既具有良好专业素养又具有国际化视野的新型人才,这是复杂的国际环境对人才培养的要求。当今国际社会风云变幻,面对更加复杂的外部环境,解读好中国与世界的关系,寻找当代青年个体发展与中华民族复兴之间的逻辑建构,培养具有国际视野、能够担当民族复兴重任的新时代青年。积极引导广大青年理性看待中国的发展,不断加深对中国与世界关系的认识,思考和探索中国与世界的良性互动,并积极参与
	了解国际最佳实践	了解全球最佳营销实践,理解中国在国际竞争格局中的发展,放眼全球,植根中国,洞悉我国的发展成就,将目标定位在更高层次上以提升学生的营销知识水平和解决实际问题的能力
科学精神	具有科学管理精神	科学精神是推动社会进步的强大力量和基本价值。唯有让科学管理深入人心,自觉以科学管理为引导,坚持实事求是、求真务实,才能使学生走出校园后更好发展各项事业,解决时代提出的诸多重大理论和现实问题

一级指标	二级指标	与本课程知识点的关联
科学精神	具备客观理性精神	具备严谨的逻辑思维,基本的数据验证思维和探索、求真的意识。客观理性精神的培养有利于学生社会竞争力的养成
	具有创新创造与企业家精神	具有创新意识和创新能力,精通市场营销学的专业知识,能够用专业知识创造性地解决营销问题。通过案例教学、实践教学,让学生感受最前沿的新技术,培养富有活力、智慧引领的创新精神
法治精神	合法合规	具备现代法治意识,遵守法律法规,具备包容精神。课程思政不仅注重各项法律法规要求,培养学生的法律意识,而且在学生熟悉的生活中渗透法律知识,帮助他们树立正确的社会主义法治意识
	诚信敬业	诚实守信,敬业爱业,遵守社会规范。培养学生的"螺丝钉"精神,在我国经济和社会文化发展过程中,岗位无轻重,贡献无大小,在每家企业、每个岗位上均应彰显职业操守、培养匠心精神、牢记服务人民的初心

二、"市场营销学"各章节课程思政教学指南

第一讲　市场营销概述

■ 专业教学目标

1. 掌握市场营销概念的关键词,如需求、交换、价值。

2. 掌握营销与销售的区别。

3. 思考互联网的出现对市场营销研究和实践的影响。

■ 思政元素分析与相关知识板块

第一章"市场营销概述"共分为四节。第一节"市场营销基本概念"的思政要点包括营销概念的中国文化视角的解读、市场营销学与经济学和行为科学的关系;第二节"市场营销过程"的思政要点包括市场的概念和企业的责任;第三节"市场营销哲学"的思政要点包括社会营销对第三方利益的考虑、可持续发展对营销观念的影

响、生产力的发展与企业经营观念(中国的工业化和数字化变革)、营销哲学与黑格尔对哲学的七个比喻、互联网思维与市场营销、中国有关直销的法规;第四节"市场营销的形成与发展"的思政要点包括市场营销在推动经济社会发展与社会文明中的作用、中国在数字化营销实践创新上的国际地位、人生与市场营销、国家竞争与市场营销、本校市场营销专业(系)的发展历史、国际化过程中企业经营理念的全球传播、生产力的发展水平与营销理念的形成、新质生产力对营销发展的影响、互联网相关法律法规与行业发展速度的匹配问题。

■ 课程思政的教学实施方案

讲授教学:按时间顺序介绍营销在中国的发展历史,介绍将营销理论引入中国的历史,着重介绍有卓越贡献的学者。通过讲述老一辈学者(如上海财经大学的梅汝和先生)的从教故事,让学生感受中国学者的风骨,以及老一辈学者建设新中国的爱国主义情怀。

第二讲 企业战略与营销管理

■ 专业教学目标

1. 掌握市场营销作为企业职能与企业其他职能部门的关系。

2. 能在整个企业架构图中辨识市场营销职能模块。

3. 思考营销观念的普适性。

4. 思考营销观念与其他企业经营观念的不同适用环境。

■ 思政元素分析与相关知识板块

第二章"企业战略与营销管理"共分为三节。第一节"市场营销在企业中的地位"的思政要点包括改革开放四十余年营销职能在中国企业中的地位变化、现代营销理念对克服自我参照标准和民族中心主义的作用、营销工作中的违法事件;第二节"企业战略计划"的思政要点包括企业存在的意义(德鲁克书籍推荐)、从企业战略与市场营销的角度看匠人精神;第三节"营销管理的基本任务"的思政要点包括企业战略与营销战略的关系。

■ 课程思政的教学实施方案

阅读教学:要求学生提前搜集并阅读营销工作中违法事件的报道,从法律法规、营销人员的职业道德规范、市场需求、企业品牌价值等方面探讨营销人员的工作边界。

第三讲　市场营销环境

■ 专业教学目标

1. 了解 SWOT 分析、波士顿矩阵、成长矩阵、竞争分析五力图等分析工具。

2. 了解各种分析工具之间的差异和联系。

3. 准确使用战略分析的基本工具。

■ 思政元素分析与相关知识板块

第三章"市场营销环境"共分为三节。第一节"营销活动与营销环境"的思政要点包括中国加入世贸组织的意义和过程、国际化的挑战、盲盒营销的法律风险;第二节"直接营销环境"的思政要点包括营销竞争中的违法事件;第三节"间接营销环境"的思政要点包括"十四五"规划对自然环境保护的重视、"卡脖子"技术与中国企业的发展、ESG 指标对企业营销的影响、中国人口变化对市场的影响、民族中心主义、"国潮"和国家文化、中国经济的世界地位及对世界的影响、国际化经营中的文化差异、碳中和潮流下的威胁与机会、如何看消费作为经济发展的"三驾马车"之一的作用、网络时代的大趋势与企业营销、消费者权益保护的立法;第四节"中国市场营销环境的基本特征"的思政要点包括中国人口政策变迁、消费公正问题、中国消费者对进口产品的看法在改革开放四十余年里的变化、介绍有关消费公正的科研成果和新的消费政策。

■ 课程思政的教学实施方案

案例教学:使用"中国第一家私立博物馆——观复博物馆"的案例,让学生对观复博物馆的成立进行环境分析,从而了解中国的国家文化,培养学生的文化自信,进一步与中国的消费变迁结合,分析观复博物馆的发展进程。

第四讲　营销信息管理

■ 专业教学目标

1. 了解营销信息的概念、类型与功能。

2. 设计基本的市场研究方案和完整的调研问卷。

3. 了解互联网时代营销信息系统的特点和基本构成。

■ 思政元素分析与相关知识板块

第四章"营销信息管理"共分为五节。第一节"营销信息概述"的思政要点包括数字化营销中的消费者隐私保护、产业互联网发展滞后对中国经济的影响、5G 与产业互联网、产业互联网与消费互联网的不同;第二节"营销信息系统"的思政要点包括 SHEIN 介绍(这是一家中国跨境电商,隐形冠军)、ESG 标准对营销信息披露范围的影响、营销信息系统与国家安全问题(如滴滴事件);第三节"营销调研方法"的思政要点包括上海财经大学的"千村调查"、大学生对社会问题的洞察(如本课程关于"老漂族"的作业成果——《学习强国》)、人类学质性研究的学者介绍——费孝通的《乡土中国》、全球市场研究中的数据库和调研平台介绍、营销学术研究如何运用调研、市场调研如何才能有效、实验研究中的伦理问题;第四节"社会化媒体营销调研方法"的思政要点包括互联网时代的消费者隐私问题;第五节"营销信息的利用——市场预测"的思政要点包括精准营销如何做到精准、新质生产力对营销效率的影响。

■ 课程思政的教学实施方案

实践教学:将学生随机分组,设计"了解品牌 A 的知名度"的市场调研方法。在课堂上随机选择小组进行方案展示,通过老师和学生对展示小组的点评,让学生了解营销科学研究的严谨性、科学性并培养学生科学研究的学术规范意识。在完成采用市场调研法解决问题的教学后,介绍借助互联网大数据解决问题的可能性,培养数字化时代学生的变革思维。

第五讲 消费者购买行为

■ 专业教学目标

1. 体会消费者洞察的科学性。

2. 了解消费者购买行为的全局,归纳互联网带来的购买行为的变化。

3. 认识消费者购买行为的不同类型。

4. 了解购买群体决策中的角色及各自的作用。

■ 思政元素分析与相关知识板块

第五章"消费者购买行为"共分为四节。第一节"消费者购买行为模式"的思政要点包括互联网对购买行为模式的影响;第二节"影响购买行为的主要因素"的思政要点包括国家品牌、营销领域关于利他行为的研究、国潮概念中的国家文化象征性、消费者民族中心主义、文化差异与消费行为、全球化对文化趋同的影响、互联网对文化趋同的影响、文化研究的主流研究方法——质性研究、"看不见的大猩猩"和搞笑诺贝尔奖、品牌的知识产权保护;第三节"购买决策过程"的思政要点包括算法支持下的社交媒体让人们变得更多元还是更极化、强大的搜索功能和消费者的记忆外部化后果(推荐《浅薄》);第四节"中国消费者购买行为的主要特征"的思政要点包括消费主义的概念初探、改革开放四十余年中国消费者的需求变化(从物质到精神)、中国的消费互联网创新在全球的影响力、对流量经济和粉丝经济的讨论。

■ 课程思政的教学实施方案

实验教学:给学生观看搞笑诺贝尔奖获奖成果的实验视频,让学生成为被试者,感受科学实验结论的稳健性,强调营销人员对消费者需求洞察的科学性,让学生感受并理解文化包容的必要性。

第六讲 组织市场购买行为

■ 专业教学目标

1. 了解组织市场的含义和构成。

2. 了解组织市场购买行为的特征。

3. 了解组织购买的决策方式和决策过程。

■ 思政元素分析与相关知识板块

第六章"组织市场购买行为"共分为三节。第一节"组织市场的含义"的思政要点包括发展产业互联网以提升国家经济竞争力、消费数字化和产业数字化;第二节"组织市场购买决策"的思政要点为西方行业联合采购的启示;第三节"政府市场与政府采购"的思政要点为政府采购国货的意义、反腐败对政府采购及 B2G 营销的影响。

■ 课程思政的教学实施方案

讲授式教学：使用历史时间脉络给学生讲述改革开放前后中国消费市场和组织市场发展的大事件，请学生对改革开放前后不同时期中国市场的特点进行总结，让学生深度体会改革开放对中国消费市场和组织市场的深远影响。

第七讲　市场细分与目标市场

■ 专业教学目标

1. 理解 STP 的战略意义，知道其对于后续工作的意义。

2. 了解定位就是有意义的差异化。

3. 了解市场细分的主要方法。

4. 理解企业目标市场选择的三种战略及运用条件。

5. 掌握通过定位获得竞争优势最大化的方法。

■ 思政元素分析与相关知识板块

第七章"市场细分与目标市场"共分为四节。第一节"大众营销与目标营销"的思政要点包括生产力发展与目标营销的出现、利用大数据"杀熟"是否违法；第二节"市场细分的依据与方法"的思政要点包括营销对生活方式的影响、全球文化趋同如何影响细分；第三节"目标市场的评价与选择"的思政要点包括利用大数据"画像"、定制化营销的基础与条件；第四节"目标市场定位"的思政要点包括定位与社会营销观念的结合、微笑曲线与中国制造的蜕变、国际知名品牌定位实践的演进、认知科学研究成果与定位理论。

■ 课程思政的教学实施方案

文献教学：提前让学生阅读营销领域国际顶刊关于定位的文献，在课堂上通过讲解论文，让学生由浅入深地理解定位的意义与重要性，进一步探讨目前通过大数据精准推送给消费者的重定位中存在的法律层面和道德层面的问题。

第八讲　产品与品牌策略：创造价值

■ 专业教学目标

1. 完整表述从 STP 到 4P 的营销学基本框架，并解释其与 4C 的关系。

2. 理解产品策略与消费者洞察的关系。

3. 理解产品策略与企业经营战略的关系。

4. 了解品牌要素的战略地位。

■ 思政元素分析与相关知识板块

第八章"产品与品牌策略：创造价值"共分为三节。第一节"产品概念"的思政要点包括为弱势群体研发产品、从整体产品概念看产品创新的空间、产品所针对的核心需求的合法性；第二节"产品决策"的思政要点包括 ESG 标准对产品研发决策的影响、产品研发与技术瓶颈、营销数字化变革中的产品迭代；第三节"品牌与品牌资产"的思政要点包括振兴"老字号"在振兴什么、国家品牌与企业品牌的关系、财富 500 强与品牌价值排行榜、关于"品牌复魅"的研究、排行榜与各类评奖的审计问题。

■ 课程思政的教学实施方案

案例教学：通过讨论中国凉茶品牌"加多宝"的发展，感受"老字号"的更新迭代，讲授品牌力和产品力的重要性。

第九讲　产品生命周期与新产品开发

■ 专业教学目标

1. 全面认识开发新产品的意义。

2. 了解新产品开发的基本程序和主要环节。

3. 了解产品构思的来源和基本方法。

4. 了解进入新产品市场的主要方式。

■ 思政元素分析与相关知识板块

第九章"产品生命周期与新产品开发"共分为四节。第一节"产品生命周期、新产品开发"的思政要点包括新产品开发中的技术瓶颈、创新教育在中国的发展、技术的全球普及；第二节"新产品开发的程序"的思政要点包括产品创新的外部来源、数字化营销对新产品开发的促进、产品试销中的侵权问题；第三节"新产品市场进入方式"的思政要点包括"出圈"的本质以及如何针对一个现象进行科学研究；第四节"产品开发中的一些新趋向"的思政要点包括产品开发的社会责任、扶贫项目中新产品开发思想的启示。

■ 课程思政的教学实施方案

实践教学：为一款中国品牌开发面霜新产品，将班级同学进行分组，每组 4～5 人，设计使用场景，汇总后统计每个使用场景发生的频率，从而找到最有市场的可针对新产品的开发场景。在实践中向学生传递：中国品牌新产品的开发要有科学依据并从市场需求的角度出发。

第十讲　服务产品与服务营销

■ 专业教学目标

1. 掌握服务产品的概念与特征。

2. 理解服务产品与有形产品的区别和策略要点。

3. 了解服务营销组合的特殊性和组合要素。

4. 了解如何进行服务产品设计。

■ 思政元素分析与相关知识板块

第十章"服务产品与服务营销"共分为三节。第一节"服务产品的性质"的思政要点包括现代经济与服务业发展、我国服务业向国际市场开放的问题；第二节"服务营销组合"的思政要点包括服务三角形中的员工满意度问题所体现的企业存在的意义；第三节"管理服务质量"的思政要点包括服务质量管理中的人文关怀、企业全球化与服务标准的全球化、服务中的消费者侵权问题、服务悖论问题。

■ 课程思政的教学实施方案

课堂讲授：从服务三角形谈员工人文关怀。通过介绍服务三角形，强调其中员工满意度体现的企业存在的意义，讲授人文关怀的重要性及其意义。

第十一讲　定价策略：认同价值

■ 专业教学目标

1. 了解价格决策在营销组合中的作用。

2. 了解不同类型的定价目标。

3. 了解产品价值认定的依据。

4. 掌握三大定价方法中顾客价值定价法的特殊视角。

5. 了解定价涉及的优化问题及心理理论。

■ 思政元素分析与相关知识板块

第十一章"定价策略：认同价值"共分为四节。第一节"企业的定价目标"的思政要点包括从计划经济到市场经济过程中的定价思维变化；第二节"企业定价的主要依据"的思政要点为低价与制假的讨论；第三节"企业定价的基本方法"的思政要点为差别定价策略在什么情况下是无效的；第四节"价格策略与价格竞争"的思政要点包括价格竞争的法律边界。

■ 课程思政的教学实施方案

辩论式教学：将班级学生分为两组，正方持"价格越高，质量一定越好"的观点，反方持"价格越高，质量不一定越好"的观点，双方展开辩论。在辩论过程中讨论低价与制假的问题，警示学生遵守法律和道德，明确两者的职业边界。

第十二讲　分销策略：传递价值

■ 专业教学目标

1. 理解渠道五流及其随技术变化的过程，理解和简单运用渠道战略。

2. 了解主要的营销中介及其特征。

3. 了解事实营销渠道控制的基本方法。

■ 思政元素分析与相关知识板块

第十二章"分销策略：传递价值"共分为五节。第一节"营销渠道与价值网络"的思政要点包括社区零售的"最后100米"中的商机问题、零售业和批发业对外资开放过程、关于渠道"潜规则"的讨论；第二节"营销渠道的基本策略"的思政要点包括中国市场深度分销的特色（如农村市场的特点）；第三节"营销渠道设计"的思政要点为推动内需的重要性；第四节"营销渠道的控制与评估"的思政要点包括如何研究渠道的战略问题（关于研究方法）；第五节"分销渠道的发展趋势"的思政要点包括新的分销模式与"非正规就业"、互联网渠道与传统渠道的冲突是不是中国特有的问题、O2O营销的成功条件。

■ 课程思政的教学实施方案

实践教学：请学生进行校园附近的线下商业考查，了解不同零售形式的区别，举例说明某类商品的分销路径，并展示在黑板上，请其他学生对其设计进行点评与修改，在共同努力中掌握进行营销渠道设计的方法。

第十三讲 中间商和物流管理

■ 专业教学目标

1. 辨析零售商与批发商，深刻理解零售商的种类及其演变，简述互联网对零售的影响。

2. 掌握零售商和批发商的营销策略。

3. 了解物流的概念和基本方式。

■ 思政元素分析与相关知识板块

第十三章"中间商和物流管理"共分为四节。第一节"零售商"的思政要点包括SHEIN——中国跨境电商中的低调"大佬"、全球领先的零售商到底领先在哪里、跨境电商是怎么做的、中国跨境电商进入海外市场面临的法律挑战；第二节"批发商"的思政要点包括"广交会"在改革开放中起到什么作用、为什么中国要搞进口博览会；第三节"物流管理"的思政要点包括物流对中国跨境电商开发海外市场的影响、物流管理对科研的要求、快递业务与消费者权利的保护；第四节"物流现代化与供应链管理"的思政要点包括物流现代化与中西部地区的地展。

■ 课程思政的教学实施方案

辩论式教学：将全班学生分为两组，利用某公司的广告语"没有中间商赚差价"开展辩论。正方持"我们需要中间商"的观点，反方持"我们不需要中间商"的观点。了解中间商所承担的职能，让学生了解改革开放以来，全行业发展后中间商出现的必要性。

第十四讲 促销策略：传播价值

■ 专业教学目标

1. 掌握促销传播的基本原理，能够把关于传播工具的基本理论运用到社交媒体的推广上。

2. 掌握整合营销传播的含义。

3. 了解人员推销的特征和管理方法。

4. 了解行业推广的基本特征和主要手段。

■ 思政元素分析与相关知识板块

第十四章"促销策略：传播价值"共分为三节。第一节"促销活动及整合营销传播"的思政要点包括营销传播活动的社会责任、中国博物馆出圈、引进外资对中国传媒行业人才发展的意义、互联网有没有改变传播的基本原理；第二节"人员推销"的思政要点包括销售员中有没有"全国劳模"、销售团队管理中的科学研究简介（授课教师的自然科学基金项目）、直播带货的成功秘诀、网红直播"翻车"的警示、人员推销中的违法问题、"传销法"概况；第三节"营业推广"的思政要点包括节庆营销中的文化元素。

■ 课程思政的教学实施方案

视频教学：观看河南电视台《唐宫夜宴》的视频。

课堂讨论：讨论河南博物馆为什么能够通过营销活动"出圈"，进而讨论西安的"不倒翁小姐姐"对西安博物馆"出圈"的贡献。利用人民网的文章来讨论"不倒翁小姐姐"有没有资格成为中华人民共和国全国运动会的火炬手。通过提升参与度来提高学生对民族文化的认同。

第十五讲　广告宣传与公共关系

■ 专业教学目标

1. 了解各种广告媒体的特点。

2. 了解公共关系。

3. 掌握广告策划的程序及技巧。

■ 思政元素分析与相关知识板块

第十五章"广告宣传与公共关系"共分为两节。第一节"广告宣传"的思政要点包括广告是否也有社会责任、城市形象广告与地缘文化、我最喜欢的本土品牌广告评选、跨国公司如何在广告中体现本地化、国际知名品牌经典广告赏析、有关广告效果的科学研究、IP营销的本质是什么(如何用科学的方法研究一个现象)、了解《中华人民共和国广告法》、企业做公益广告应注意的问题;第二节"公共关系"的思政要点包括CSR是什么、负面事件公关、历次大事件的捐赠企业与个人、关于"关系"一词理解的国际差异、科学地理解"关系"、社交媒体的"网暴"问题。

■ 课程思政的教学实施方案

启发式教学:在课堂上观看一些经典的商业传播中销售问题的案例,讨论商业广告所承担的社会责任。

第十六讲 无店铺销售和网络营销

■ 专业教学目标

1. 了解无店铺销售。

2. 了解直复营销。

3. 了解网络营销。

4. 掌握网络营销的运营模式及顾客关系管理基本策略。

■ 思政元素分析与相关知识板块

第十六章"无店铺销售和网络营销"共分为三节。第一节"无店铺销售"的思政要点包括智慧商店探索、对《中华人民共和国广告法》的介绍;第二节"直复营销"的思政要点包括从电视购物到网络直播带货,中国数字化发展的缩影;第三节"网络营销"的思政要点包括网络营销对青少年的保护问题、中国网络营销环境与世界其他国家的区别、"打假"持久战。

■ 课程思政的教学实施方案

课前作业:发现身边无店铺营销、网络营销目前存在的问题。启发学生对日常生活中的现象进行专业角度的思考,如微商的合法性、安全性等。

课堂讨论:如何解决发现的问题,探讨营销活动的职业道德边界,如何保护消费者尤其是缺少判断力的青少年和老年人。

第十七讲 顾客价值和顾客关系管理

■ 专业教学目标

1. 掌握顾客让渡价值模型。

2. 掌握顾客满意理论及其研究方法。

3. 了解关系营销。

4. 了解顾客关系管理。

■ 思政元素分析与相关知识板块

第十七章"顾客价值和顾客关系管理"共分为三节。第一节"顾客让渡价值理论"的思政要点为情绪价值属于 CDV 的哪个模块的讨论;第二节"顾客满意与忠诚理论"的思政要点包括中国企业在为中国人民谋幸福方面的事迹、顾客满意度与幸福感的关系、预付费的会员卡有什么法律问题;第三节"关系营销和顾客关系管理"的思政要点包括数字技术在 CRM 发展上的意义。

■ 课程思政的教学实施方案

穿插式教学:在介绍客户满意与忠诚度理论时,穿插介绍为中国人民谋幸福,践行"美好商业"的中国企业案例。教学过程中列举一些为达成营销目的而轻视顾客满意度的违法行为案例,进行润物细无声的职业道德教育,以起到警示作用。

第十八讲　市场竞争策略

■ 专业教学目标

1. 了解市场竞争的不同性质和类型。

2. 了解不同市场地位的企业应采取的市场竞争策略。

■ 思政元素分析与相关知识板块

第十八章"市场竞争策略"共分为三节。第一节"识别市场竞争的性质与类型"的思政要点包括关于我院教授的反垄断研究介绍、哪些营销行为属于不正当竞争;第二节"评估市场竞争者"和第三节"市场竞争的主要策略"的思政要点是了解中国新媒体行业的发展趋势与变迁、ESG 标准对市场竞争策略的影响。

■ 课程思政的教学实施方案

课前预习:提前浏览与反垄断相关的科普知识。

课堂讲授:进行提问式授课,请学生提出自己在预习过程中遇到的问题,老师与学生交流,通过解答问题来介绍研究成果,进而从垄断与更替的角度讲解中国新媒体行业的变迁与发展。

第十九讲 全 球 营 销

■ 专业教学目标

1. 了解全球营销的发展背景。

2. 了解全球营销战略组合的特征。

3. 了解全球企业组织结构的特点。

■ 思政元素分析与相关知识板块

第十九章"全球营销"共分为三节。第一节"全球营销概述"的思政要点包括中国企业从 OEM 到 OBM 的道路;第二节"全球营销的市场环境分析"的思政要点包括全球各主要经济体营销环境的差别、逆全球化思潮下的跨国营销对策、各国营销相关法律的差异对中国企业"出海"的影响;第三节"全球营销战略的实施与控制"的思政要点包括国潮走向世界的文化自信以及对世界各国文化的平等尊重。

■ 课程思政的教学实施方案

翻转课堂:要求学生提前了解全球营销项目,分小组完成"跨国企业从本土走向全球时,成功/失败的营销"问题的展示,从而对全球营销中的本土文化自信和对东道国文化的平等尊重问题进行讨论。

第二十讲 社会责任与可持续营销

■ 专业教学目标

1. 掌握可持续营销的概念和特点。

2. 了解社会责任与可持续营销的关系。

3. 从可持续发展视角理解市场营销实践中的社会责任。

4. 从职业道德视角理解市场营销实践中的社会责任。

■ 思政元素分析与相关知识板块

第二十章"社会责任与可持续营销"共分为三节。第一节"可持续营销的概念及意义"的思政要点包括与人类命运共同体的关系,"十四五"规划关于可持续发展理念的相关内容,中国/日本/欧洲/美国长寿企业的比较与思考、新质生产力对可持续营销发展的推动;第二节"可持续营销的原则"的思政要点包括全球企业在可持续发展方面的经典案例、ESG 标准对可持续营销的要求;第三节"市场营销伦理道德"的思政要点包括营销行为中的贿赂、窃取商业机密、虚假广告等问题。

■ 课程思政的教学实施方案

案例教学:中外饮料公司可持续发展的营销活动开展与社会责任承担。

知识点:可口可乐"甘蔗代替石油"计划,通过种植甘蔗获得的生物料来代替塑料制造饮料瓶,并在蔗田种植上使用可再生水循环持续发展的农业技术。在介绍可口可乐的可持续发展营销活动时,启发学生思考社会责任,并与中国企业相比较。

三、"市场营销学"课程思政元素总览表

表 6 - 2　　　　　　　　　　"市场营销学"课程思政元素总览

课程章节	主要教学内容	主要课程思政元素	专业思政维度 (一级指标)
第一讲 市场营销概述	市场营销基本概念、市场营销过程、市场营销哲学、市场营销的形成与发展	市场营销专业在中国的发展与中国经济发展的关系、新质生产力对营销发展的影响	家国情怀 科学精神
第二讲 企业战略与营销管理	市场营销在企业中的地位、企业战略计划、营销管理的基本任务	通过有中国特色的营销管理案例,洞察中国国情与文化特色、企业的愿景	家国情怀
第三讲 市场营销环境	营销活动与营销环境、直接营销环境、间接营销环境、中国市场营销环境的基本特征	中国文化在营销工作中的体现、ESG 指标对企业营销的影响、中国的消费市场分层	社会责任 共同体理念 家国情怀
第四讲 营销信息管理	营销信息概述、营销信息系统、营销调研方法、社会化媒体营销调研方法、营销信息的利用——市场预测	科学研究的学术规范性、数字化变革、ESG 标准对营销信息披露范围的影响	共同体理念 科学精神
第五讲 消费者购买行为	消费者购买行为模式、影响购买行为的主要因素、购买决策过程、中国消费者购买行为的主要特征	如何提升中国文化的全球影响力、消费者幸福感	共同体理念 社会责任

课程章节	主要教学内容	主要课程思政元素	专业思政维度（一级指标）
第六讲 组织市场购买行为	组织市场的含义、组织市场购买决策、政府市场与政府采购	改革开放对中国组织市场的影响、消费数字化与产业数字化	科学精神
第七讲 市场细分与目标市场	大众营销与目标营销、市场细分的依据与方法、对目标市场的评价与选择、目标市场定位	大数据使用的合规性、全球文化趋同下中国特色的细分指标	法治精神 共同体理念
第八讲 产品与品牌策略：创造价值	产品概念、产品决策、品牌与品牌资产	国家品牌、"老字号"复兴	社会责任 家国情怀
第九讲 产品生命周期与新产品开发	产品生命周期、新产品开发及其程序、新产品市场进入方式、产品开发中的新趋向	中国农村市场的细分指标洞察、国家的"双创"计划	科学精神
第十讲 服务产品与服务营销	服务产品的性质、服务营销组合、管理服务质量	中国企业全球化拓展、第三产业在中国的发展、服务企业的员工人文关怀	共同体理念 社会责任
第十一讲 定价策略：认同价值	企业的定价目标、企业定价的主要依据、企业定价的基本方法、价格策略与价格竞争	价格策略与法律边界、定价中存在的不道德行为、低价与制假	法治精神 社会责任
第十二讲 分销策略：传递价值	营销渠道与价值网络、营销渠道的基本策略、营销渠道设计、营销渠道的控制与评估、分销渠道的发展趋势	产品创新的道德边界、为什么要刺激内需	社会责任 家国情怀
第十三讲 中间商和物流管理	零售商、批发商、物流管理、物流现代化与供应链管理	物流业发展的"最后一公里"之争、物流对跨境电商发展的影响	社会责任 共同体理念
第十四讲 促销策略：传播价值	促销活动及整合营销传播、人员推销、营业推广	互联网广告在过去10年的发展、违法促销	社会责任 法治精神

课程章节	主要教学内容	主要课程思政元素	专业思政维度（一级指标）
第十五讲 广告宣传与公共关系	广告宣传、公共关系	中国经济的发展与零售业特色、广告中所体现的中国文化、CSR对企业的影响、广告内容的道德边界	家国情怀 社会责任
第十六讲 无店铺销售和网络营销	无店铺销售、直复营销、网络营销	无店铺营销、网络营销的道德问题、直播、短视频与非正规就业	法治精神
第十七讲 顾客价值和顾客关系管理	顾客让渡价值理论、顾客满意与忠诚理论、关系营销和顾客关系管理	美好商业、数字技术在CRM发展上的意义	家国情怀 科学精神
第十八讲 市场竞争策略	识别市场竞争的性质与类型、评估市场竞争者、市场竞争的主要策略	中国特色的媒体变迁与新媒体发展趋势、国家的反垄断政策	科学精神 法治精神
第十九讲 全球营销	全球营销概述、全球营销的市场环境分析、全球营销战略的实施与控制	国潮走向世界的文化自信、中国企业全球化、全球各主要经济体营销环境的差别	家国情怀 共同体理念
第二十讲 社会责任与可持续营销	可持续营销的概念及意义、可持续营销的原则、市场营销伦理道德	市场营销理论与实践到底有什么社会价值、新质生产力对可持续营销发展的推动、ESG标准对可持续营销的要求	社会责任 共同体理念

第七章 "管理学原理"课程思政教学指南

在 2018 年 9 月 10 日全国第三十四个教师节上,习近平总书记指出,"在实践中,我们就教育改革发展提出一系列新理念新思想新观点,主要有以下几个方面,坚持党对教育事业的全面领导,坚持把立德树人作为根本任务,坚持优先发展教育事业,坚持社会主义办学方向,坚持扎根中国大地办教育,坚持以人民为中心发展教育,坚持深化教育改革创新,坚持把服务中华民族伟大复兴作为教育的重要使命,坚持把教师队伍建设作为基础工作。这是我们对我国教育事业规律性认识的深化,来之不易,要始终坚持并不断丰富发展"。这九个方面被称为"九个坚持"。"管理学原理"课程思政教学以"九个坚持"为指导,以具有中国特色的管理理论与管理实践为教学方向,以培养具有社会主义核心价值观的成功管理者为根本目标,将中国思想、中国实践和中国案例全面融入"管理学原理"的思政教学中。

一、"管理学原理"课程的专业教学体系与课程思政教学目标

(一)"管理学原理"课程简介

1. 课程主要内容

目前,"管理学原理"课程所依据的教材是罗宾斯主编的《管理学》(第 8 版)。本课程在商学院本科教学中被称为"管理学原理",在全校作为选修课被称为"管理学"。选修课"管理学"的一般教学周期为 16 周,分 48 课时和 32 课时两种。

本课程依据《管理学》教材的设计,分为管理学概论(包括管理思想史)、计划、

组织、领导、控制五大模块。

模块一的主要内容为"管理学概论""工作场所的管理者""管理思想史""组织文化与环境""社会责任与管理伦理""管理变革和创新""决策：管理者工作的本质"，该模块是对管理学原理基本知识、体系、框架和思想脉络的总体介绍。模块二的主要内容为计划，包括"计划工作的基础""战略"，是对计划与战略理论分析框架的介绍。模块三是组织，包括"基本的组织结构设计""适应性组织结构设计"，是对组织结构的内容设计。模块四是领导，内容涵盖"管理者与沟通""激励""领导"三个部分。模块五是控制，包括"控制""计划工具与当代控制技术"。

2. 专业教学目标

本课程的专业教学目标是与全球管理学的教学对接，其根本目的是"培养成功的管理者"。本课程旨在向学生系统阐述有关管理学方面的基本知识和一般原理，使学生对管理的四大职能——计划、组织、领导、控制的基本范畴、内在关系有比较系统的掌握；同时，通过大量案例的教学，使学生对该学科的实践性、丰富性、生动性和复杂性有比较全面的了解，加深对管理理论和实践活动的认识与理解，提高综合分析问题和解决问题的能力，并为今后学习其他专业课打好理论基础。

3. 教材与课程特色

本教材是目前被全世界各大名校广泛采用的教材，具有理论体系的严密性、结构的完整性、案例的丰富性和理论扩展的前沿性，一直受到本科教学、MBA 教学、管理学培训的普遍接受和好评。但本教材也有一个重大缺陷：完全用西方的视角来看待管理学的发展，忽略了东方管理思想对世界管理学的贡献，尤其忽略了中国管理思想丰富的史料与中国改革开放的成功管理实践。本课程的思政教学力图弥补这一重大缺陷。

（二）"管理学原理"课程思政特征分析与教学目标

"管理学原理"课程思政的根本目标是将中国的传统文化和社会主义核心价值观融入"管理学原理"的教学过程中，探索具有中国特色、管理学科特色、符合中国广大当代大学生特定需求的思政课程。具体目标如下：一是系统介绍在世界管理思想史中,中国管理思想及东方管理智慧具有的独特视角、独特路径和独特贡献;二是在组织文化中,重点介绍中国文化所具有的软实力、竞争力和独特魅力;三是在管理的变革与创新中,突出中国自改革开放以来所取得的巨大成就以及"中国模式""北京共识"对当今世界政治、经济、文化格局的巨大正向推动作用。

本课程思政的基本思路是在面向学生的"管理学原理"教学中,在现有的教学大纲和教学框架下,结合当代大学生对中国文化的爱好以及对中国改革开放的兴趣,将中国的传统文化和社会主义核心价值观渗透其中,起到春风化雨、润物无声的作用,从而使当代学生了解和认同中国文化。

1. "管理学原理"课程思政特征分析

本课程的特征体现为"中国特色",具体表现为三大要素:

(1)中国思想:将中国古代管理思想渗透进"管理学原理"的教学中,具体包括道家的"无为而治"管理思想,儒家的修身、齐家、治国、平天下思想,儒家的和谐管理思想和共同体思想,兵家的战略管理思想,经世致用学派(管子)的富国富民思想。

(2)中国实践:中国自改革开放以来丰富的管理实践与管理创新包括农村的联产承包责任制,中国的城市改革,中国的"摸着石头过河"与对外开放,中国加入世贸组织,中国抵御美国对中国的贸易制裁,中国的"一带一路"倡议,中国构建人类命运共同体的理论发展与实践探索。

(3)中国案例:本课程思政教学中提供大量中国古代管理实践与当代社会变革的案例,通过对这些案例的教学与讨论,以期增强学生对中华民族优秀文化和社会主义核心价值观的认同。例如,"一带一路"上中国的管理者、当代中国企业家的社会责任、当代华人企业家的战略、当代中国的变革与领导、当代中国企业家的控制等。

2. "管理学原理"课程思政教学目标

本课程通过对"管理学原理"一级指标、二级指标的构建,将《管理学》各章节的内容和案例教学构成一个严密、系统的课程思政体系。指标构建与教学内容的对照关系如表7-1所示。

表 7-1　　　　　　　　　**"管理学原理"课程思政元素与知识点的关联**

一级指标	二级指标	指标内涵	与本课程知识点的关联
社会责任	具备管理伦理意识	管理涉及伦理、道德和规范。掌握管理伦理的构成与内涵,了解当前社会管理伦理的新发展和新要求,结合实践,深刻理解管理伦理对管理的重要性,激发和巩固学生的管理伦理意识	① 管理伦理的概念 ② 社会责任、社会义务与社会响应 ③ 管理万能论与管理象征论 ④ 变革中的社会责任与"弱势群体" ⑤ 领导的社会责任 ⑥ 社会责任融入控制系统
	具有社会责任感	掌握社会责任的构成与内涵,理解社会责任在社会发展过程中的重要作用,理解企业等经济组织通过承担社会责任所创造的社会价值以及对国家、社会的意义,使学生关注社会利益,勇于担当,具备社会责任感	① 做一个有社会责任感的管理者 ② 当代社会变革中的社会责任 ③ 计划、决策中的社会责任
	具有公民意识	充分理解公民作为国家主体和社会主体,时刻以国家和民族利益为重,自觉维护国家的荣誉、利益和安全,必须履行对国家和社会应尽的责任和义务,树立权利和义务不可分离的观念。明确企业也是公民,需要将社会基本价值与日常商业决策和实践相结合,使学生具备全面的公民意识	① 企业既是营利机构,也是道德机构 ② 管理者的公民意识
家国情怀	关注国情与民生	爱国情感内化于心,外化于行。热爱祖国,关注国家发展的历史、现状与未来。了解国家谋求发展和人民追求幸福的过程中面临的重大挑战和机遇,并运用专业知识进行分析和深思,学以致用,为实现中华民族伟大复兴而奋斗	① 做一个爱国的管理者 ② 当代管理者的使命感 ③ 做一个爱国的领导者
	熟悉中国管理文化与思想	了解并学习中华传统文化、革命文化、现代文化中特有的中国管理文化思想和实践,认同具有中国特色的中国管理思想在当代管理实践中的独特价值	① 中国的管理思想发展史 ② 中国的管理思想家,如老子、孙子、管子 ③ 中国成功的管理制度,如"常平仓"、人才管理(科学制)、大型水利工程管理(大运河)

续表

一级指标	二级指标	指标内涵	与本课程知识点的关联
家国情怀	坚定文化自信	文化自信是一个民族、一个国家对自身文化价值的充分肯定和积极践行,并对其文化的生命力持有的坚定信心。通过客观分析和理解中国管理文化与实践取得的成就,从内心深处认同中华民族的价值观和社会制度,树立高度的文化自觉和文化自信,弘扬民族精神,厚植家国情怀	① 管理中的道路自信、理论自信、制度自信、文化自信 ② 中国文化中的"三家店"(儒家、道家、佛家) ③ 中国管理思想对世界管理思想的独特贡献 ④ 中国改革开放对世界格局的改变
共同体理念	具有共同发展理念	共同发展理念包括人与自然生命共同体、中华民族共同体以及人类命运共同体。深刻理解构建人与自然命运相连、和谐共生、协调发展的新格局的意义。充分认知中华民族共同体是一个历史共同体、命运共同体、发展共同体和未来共同体,要形成多民族、多地域守望相助的中华民族大家庭。深入体会高举和平、发展、合作、共赢旗帜,积极营造良好外部环境,推动构建新型国际关系和人类命运共同体的意义	① 仆从领导的共同体理念 ② 中国的和谐发展观 ③ "中国梦"在当代管理中的重要意义
	关注中国的全球化	当代中国与世界的关系发生了历史性变化,中国的前途命运日益紧密地与世界的前途命运联系在一起。理解中国与世界的关系对中国和全世界的发展都意义重大。理性分析和理解中国的全球化,不断加深对中国与世界关系的认识,思考和探索中国与世界的良性互动	① 中国的改革开放 ② 加入世贸组织以来中国的全球化 ③ 西方的全球化与东方的全球化

一级指标	二级指标	指标内涵	与本课程知识点的关联
共同体理念	了解国际最佳实践	具备国际视野,放眼全球,了解全球最佳企业管理实践。植根中国,思考国际经验如何与中国管理实际相结合,思考如何与国际企业实现竞争与合作。以开放的心态和包容的理念,学习和传播最佳管理实践,推动管理水平和管理能力的提升与发展	① 国际管理思想的最新发展 ② 国际管理伦理的最新发展(反腐败法案、"吹哨子"法案、联邦机构惩戒指南) ③ 国外战略管理理论的最新发展 ④ 国际著名企业案例(苹果、IBM、美国西南航空公司、英特尔、戴尔) ⑤ 国际著名领导者、企业家案例(乔布斯、比尔·盖茨、凯勒尔、稻盛和夫)
科学精神	具有科学管理精神	注重管理学科中的科学精神和科学训练,求真、求实。学习并掌握科学的方法论、技术和工具,与时俱进,以科学的方法和手段解决管理问题	① 泰罗的科学管理思想 ② 中国在农学、医学、建筑学、天文学、水利学等方面的科学管理
	具备客观理性精神	理解管理学科的基本规律和客观真理,认识人与人、人与物、物与物、组织与组织、组织与个体等管理中主要关联方的互动规律和模式,以客观、辩证的理念思考和理解管理理论与管理实践	建立具有中国特色的科学管理思想
	具有创新创造与企业家精神	勇于探索、勇于创新,在学习和实践过程中敢于迎接挑战,提出创新的思想,尝试创新的解决方案。敢于批评,勇于反思,以求真的精神开拓理论与实践。具有企业家精神,勇于承担风险,突破创新,推动国家与社会发展	① 当代中国在互联网、大数据、人工智能等前沿领域的管理创新(中国的BAT) ② 当代具有创新精神的企业家(王传福、李书福、任正非、曹德旺)

一级指标	二级指标	指 标 内 涵	与本课程知识点的关联
法治精神	合法合规	具有法治意识,能辨识和理解专业知识领域中的法律法规问题,并以合法合规为底线,认识和运用专业知识。充分理解合法合规对企业生存发展、经营管理的关键意义	① 十一届三中全会以来中国的法治变革与企业创新("让一部分人先富起来") ② 当代中国对互联网平台垄断的规制
	公平正义	理解公平正义就是社会各方面的利益关系得到妥善协调,人民内部矛盾和其他社会矛盾得到正确处理,社会公平和正义得到切实维护与实现。理解公平正义所包含的规则平等、程序合理、机会公平、程序公平、结果分配公平,以及社会正义、政治正义和法律正义。深入思考如何通过管理的思想理念和方式方法构筑公平正义的社会,使学生具备公平正义的意识、参与公平正义的能力和依法追求公平正义的行为	① 企业变革中的公平("弱势群体") ② 决策、计划、激励中的公平
	诚信敬业	社会主义核心价值观强调重信守诺,诚信需要以职业操守和合法合规的管理行为体现在企业的经营管理中。理解工商管理专业职业发展的内涵和路径,具有坚定的从事相关职业的意愿、信念和价值观。以专业学习为基础,敬业、爱业、积极向上	① 做一个诚信敬业的管理者 ② 做一个诚信的领导者 ③ 诚信敬业、专业选择与未来就业

二、"管理学原理"各章节课程思政教学指南

第一讲　工作场所的管理者

■ 专业教学目标

1. 解释管理者、管理等基本概念,区分效率与效果。

2. 描述管理职能、管理过程、管理角色和管理技能。

3. 定义组织,说明管理与组织的关系。

4. 阐明研究管理的意义。

■ 思政元素分析与相关知识板块

1. 中国改革开放的效果与效率。中国改革开放四十余年,效果是惊人的,GDP获得迅速增长,人民生活水平得到迅速提高。但我们的资源消耗也是巨大的,我们在环境污染方面付出了巨大代价,与西方发达国家相比,我们在效率方面还存在巨大差距。

2. 如何在"一带一路"建设中做一个成功的管理者。管理学具有普遍的适用性——所有的组织类型和规模,所有的管理层次,所有的工作领域。管理现实中,随着"一带一路"建设的全面展开,中国政府在中亚、中东、东南亚、非洲、美洲、欧洲都承接了一大批公路、码头、桥梁、矿山、高铁、市政建设等标志性工程;也有一些来自民间的小业主、企业家冒着巨大的风险,在没有政府支持、法律保障、银行扶持的情况下,在"一带一路"的某个街区、某个工业园区、某个丛林深处奋力拼搏(阅读思政案例一:"一带一路"上的行者)。

■ 课程思政的教学实施方案

课堂讲解:分析改革开放以来中国如何成为世界上手机、玻璃、水泥、家用电器等工业产品的制造大国,同时在水、电、煤炭的消耗方面的资源利用效率远低于先进发达国家水平。

案例讨论:"'一带一路'上的行者"介绍了一些来自民间的小商贩、小老板冒着巨大的风险,在没有政府支持、法律保障、银行扶持的情况下,在"一带一路"的某个隐蔽的角落拿着身家性命奋力拼搏的感人故事,其中包括在中亚的阿富汗、非洲的卢旺达和太平洋岛国的中国商人的事迹。

第二讲　管 理 思 想 史

■ 专业教学目标

1. 讨论管理与其他研究领域的联系,讲述管理的历史背景。

2. 了解 20 世纪前管理的主要贡献者,科学管理及其重要贡献,一般行政管理理论及其重要贡献,定量方法及其贡献。

3. 理解组织行为,描述早期先驱的贡献、霍桑实验及其贡献。

4. 讨论当前趋势和问题。

■ 思政元素分析与相关知识板块

1. 中国的传统管理思想。道家管理思想,强调管理之道在于"无为而治",其与亚当·斯密的"看不见的手"理论具有继承关系。儒家管理思想,强调"仁道"与"仁政",其和谐管理思想强调"天时""地利""人和",其共同体思想强调"修身、齐家、治国、平天下"。兵家管理思想,包括慎战思想、速战思想、先胜而后求战、"知彼知己,百战不殆"。

2. 中国的管理科学。中国的农学、医学、工程学、天文学中具有丰富的科学管理思想。农学:中国建立了世界上最丰富的古代农业科学,其中包括水利(都江堰)、灌溉(郑国渠、坎儿井)、育种(水稻育种)、农具(铁器的使用)。医学:《黄帝内经》《伤寒杂病论》《本草纲目》。工程学:长城、大运河、赵州桥,体现了中国工程技术的卓越水平。天文学:中国古代有天象观测、世界上最先进的农历,体现了中国高超的天文学水平。

■ 课程思政的教学实施方案

阅读与讨论:要求学生重点阅读泰罗的《科学管理原理》,李约瑟的《中国科学技术史》,约翰·霍布森的《西方文明的东方起源》。在阅读的基础上组织学生进行小组讨论。

第三讲　组织文化与环境

■ 专业教学目标

1. 区分管理万能论和象征论。

2. 定义组织文化,理解构成组织文化的七个维度,区分强文化和弱文化。

3. 定义外部环境,描述具体环境和一般环境,评价环境的不确定性,理解利益相关者关系管理。

■ 思政元素分析与相关知识板块

1. 中国文化主体。中国文化源远流长、博大精深。当代著名文化大师南怀瑾将中国文化的主体概括为"三家店":

儒家思想:中国的"粮店",是中国人的精神食粮,其倡导的"仁、义、礼、智、信"

已经成为中华民族的主体信仰。

道家思想：中国的"药店"，中国人生了病，要找到医治的药方，往往从道家思想中去寻找。中国的开明盛世，如文景之治、贞观之治、康乾盛世，往往是因为采用了道家的治国思想。

佛家思想：中国的"百货店"，中国人失去寄托，要寻找精神安慰，往往从佛家那里获得慰藉，每个人都可以从中找到自己的精神寄托，好比从百货店购物。

2. 文化自信。为什么当代中国要有文化自信？因为失去了自己的文化信仰就失去了灵魂，失去了精神，失去了意志，只能任人欺凌。

■ 课程思政的教学实施方案

课堂讲解和名著阅读：建议学生课后阅读《论语别裁》《老子他说》《历史的经验》和《文化帝国主义》等名著，在加深对中国传统文化了解和中外文化对比的基础上，进一步提升对中华民族主体文化的认识，从而增强对民族文化的认同感。

第四讲　社会责任与管理伦理

■ 专业教学目标

1. 理解阐述社会责任的古典观点和社会经济观，列举支持和反对社会责任的观点。

2. 区分社会义务、社会响应和社会责任，阐述社会责任与经济绩效的关系。

3. 描述价值观导向管理和管理绿色化。

4. 区分四种道德观，理解影响管理道德行为的因素，讨论改善员工行为的各种途径。

■ 思政元素分析与相关知识板块

1. 管理伦理的四个维度。法律维度，强调遵守国家法律法规；伦理维度，强调承担企业公民应尽的伦理和道德义务；经济维度，要求企业为员工、股东、当地社区带来经济回报；慈善维度，要求企业主动承担社会责任。

2. 企业家的社会责任。曹德旺认为企业家的责任有三条：国家因为有你而强大，社会因为有你而进步，人民因为有你而富足。

■ 课程思政的教学实施方案

案例讨论：要求学生在阅读案例"曹德旺对企业家的看法"的基础上，从网络、期刊、商业评论等各类文章中了解曹德旺的创业故事，重点讨论其在创业过程中体现的对国家的热爱、对民族的认同、对员工的关怀和对社会的贡献。要求学生分组讨论，在曹德旺的管理实践中，如何体现企业家精神和企业管理伦理的四个维度。

第五讲　管理变革和创新

■ 专业教学目标

1. 理解变革的过程。

2. 理解组织变革的类型。

3. 理解变革阻力的管理。

4. 分析当代变革管理问题。

5. 激发创新热情。

■ 思政元素分析与相关知识板块

1. 中国的变革。中国的变革始于 1978 年十一届三中全会，中国改革设计师邓小平强调"让一部分人先富起来"，并强调"让先富带动后富"，由此开始了中国的改革开放。中国的改革开放遵循"摸着石头过河"，是由中央控制的渐进式变革，通过农村联产承包责任制、逐步放开物价、企业自负盈亏、厂长经理责任制、股份制、大力引进外资、兴办"三资企业"、沿海经济特区、建立高新技术园区等一系列探索式改革，逐步释放了整个社会的创新活力。

2. 俄罗斯的变革。俄罗斯的改革是一种激进式改革，由俄罗斯第一任总统叶利钦主导，通过"休克疗法"、完全放开物价、放弃财政干预，对所有企业包括庞大的国有能源企业实行一夜之间的债券化、私有化，结果导致国民经济彻底失控，寡头经济迅速崛起，党派林立，"黑社会"猖獗，民不聊生。俄罗斯出现了著名的"七寡头"，彻底垄断了俄罗斯的经济命脉。

■ 课程思政的教学实施方案

案例讨论：要求学生阅读案例"中国的渐进式变革与俄罗斯的激进式变革"并

进行相关讨论。

第六讲　决策：管理者工作的本质

■ 专业教学目标

1. 定义决策，概括决策过程，解释决策的普遍性。

2. 描述理性决策者，对比理性与有限理性的决策制定方法，区分问题和决策的类型。

3. 分析决策条件，区分确定性、风险性、不确定性决策条件。

4. 描述不同的决策风格。

■ 思政元素分析与相关知识板块

1. 中国的决策者。决策的类型，从决策者的角度，可以分为理性决策、满意决策和直觉决策。中国古代帝王在治国时经常会用到这三种决策类型。理性决策，从理性出发，追求最优解，科举考试就是理性决策，被公认为世界上最先进的文官制度。满意决策：古代帝王在安排后事的时候经常使用，即在不全面评估备选方案的情况下，获得一个满意的答案。直觉决策：古代帝王打仗之前，有时靠解梦人、巫师、占卜来决策。中国人的直觉决策，是没有经过对备选方案的详细考察和思考，仅凭直觉进行的决策。

2. 中国式决策风格。通过案例"'一带一路'上的行者"可以看到不同的决策风格。当今中国，很多人因各种各样的原因，踏上了大洋洲、非洲、美洲、中亚、俄罗斯的土地，他们在各自的领域努力耕耘并奋斗在"一带一路"上。决策风格有命令型、分析型、概念型、行为型四种，找到每一种类型的典型代表。

■ 课程思政的教学实施方案

案例讨论："梦中的鱼泉"案例意在表明管理实践的丰富性和管理决策的多样性。

第七讲　计划工作的基础

■ 专业教学目标

1. 定义计划工作，分析管理者制订计划的原因。

2. 说明目标在计划工作中的作用,区分计划类型,掌握确定目标的方法与步骤,描述良好目标的特征。

3. 理解计划工作的权变因素。

4. 能够对计划工作作出批评,并在动态环境下有效制订计划。

■ 思政元素分析与相关知识板块

1. "中国梦"与长期计划。计划按时间期限分为长期计划、中期计划、短期计划。"中国梦"的核心内容包括"两个一百年",这是中国的百年大计,也是中华民族崛起的长期计划。

2. 中国的"五年规划"与"举国体制"。中国社会主义建设中,依靠"五年规划"这一战略规划模式,成功地实现了中华民族的崛起和中国经济的腾飞。这种战略规划模式有利于发挥社会主义制度的优越性,有人称之为"举国体制"。通过这种"举国体制",我们成功进行了社会主义经济的转型、提升与开放,完成了青藏铁路、三峡大坝、南水北调等一系列超大工程。

■ 课程思政的教学实施方案

学习讨论:要求学生收集相关资料,讨论"中国梦"与个人人生规划之间的关系,讨论中国的"举国体制"与西方的议会民主制之间的差异,从而深刻认识社会主义制度优势、中国的体制优势和中国社会长远发展对人类社会文明的长远意义。

第八讲 战 略

■ 专业教学目标

1. 阐明战略管理的重要性,描述战略管理过程,解释 SWOT 分析。

2. 区分公司层战略、事业层战略和职能层战略。

3. 解释竞争优势,描述五力模型,识别竞争战略。

■ 思政元素分析与相关知识板块

华人企业家郭鹤年的多元化战略。多元化战略是企业长期竞争后走向集团化、区域化和资源全方位利用的必然结果。多元化战略对战略制定者和实施者的要求极高,要求企业具有长远的战略眼光,强大的资源储备和多方面的知识、资金、人才积累。当前中国许多上市公司因为业绩压力和资金冗余,贸然采取多元化战略,结果出现了资金紧张、资源不足、人才缺乏等诸多问题而迅速走向败亡。但郭鹤年及其家族却从木材、粮食、食糖,走向宾馆、房地产、船运、工厂等几十个领域、上百个行业,且做得风生水起、蓬勃兴旺,其多元化模式几乎包含了相关多元化、非相关多元化、前向一体化、后向一体化等多元化的所有模式。通过研究郭鹤年的商业帝国,学生可以深刻体会到一个企业家高超的经营素质和战略把控能力。

■ 课程思政的教学实施方案

案例学习与讨论:建议学生在讨论"'亚洲糖王'郭鹤年"的案例时,把郭鹤年的多元化战略与海航集团的多元化战略进行对比研究,思考郭鹤年的多元化战略为何成功,而海航集团的多元化战略为何失败,引导学生思考多元化战略的利弊得失及其限制性因素;同时,重点关注郭鹤年作为著名华人企业家所具有的强烈社会责任感和爱国主义精神。

第九讲 基本的组织结构设计

■ 专业教学目标

1. 定义组织结构、组织设计,解释结构与设计对一个组织的重要性。

2. 描述组织结构的六个关键要素:工作专门化、部门化、指挥链、控制幅度、集权和分权、正规化。

3. 区分机械组织和有机组织设计,识别影响组织设计的权变因素。

4. 描述常见的组织结构形式:简单型结构、职能型结构、事业部型结构。

■ 思政元素分析与相关知识板块

1. 作为家庭的组织。根据组织的概念,家庭是典型的组织,而且在中国社会中,家庭是最持久、最稳固、最高效的组织。家庭是中国古代农业社会的基本组织单元,家庭关系是中国文化系统中最基本却最精致的社会关系,中国人围绕家庭关系建立了世界上最复杂的人际识别系统。家庭承担着中国社会长治久安的基本治理功能,包括经济、财政、教育、医疗、养老等本应由政府部分或全部承担的社会保障功能。在历史上的社会动乱中,家庭保障还是抵御"政府失灵""无政府状态"的

"避难所"。从孟子的"王道之政"到陶渊明的"桃花源",再到新时代的"家国梦",家庭为中华民族的发展与复兴提供了强大支撑。

2. 中国的文化结构——家国同构。在中国传统文化系统中,家国同构表现为家国同"伦"、家国同"道"、家国同"德"、家国同"治"、家国同"存"。先来看家国同"伦",它要求治家与治国一样遵循"子率以正,孰敢不正"的伦理原则。再来看家国同"道",无论是道家的"无为而治"还是儒家的"诚意、正心、修身、齐家、治国、平天下",都要遵循同样的管理原则:"一屋不扫,何以扫天下?"在中国人的意境中,"斗室"与"天下"无异,"陋室"与"朝堂"同工。就家国同"德"来说,孟子强调"四端",即"无恻隐之心非人也""无羞恶之心非人也""无辞让之心非人也""无是非之心非人也"。中国文化强调"以德服人",为政以德,治家以德,无德者将丧失立足的基础,也就失去了治家、治国的人格底线。接下来看家国同"治",在中国人的心理结构中,从一家之长,到一地之长,再到一国之长,其治理模式并无本质区别。因此,中国文化顺理成章地认可并选择了家庭管理中的"家长制"和国家治理中的"精英政府"模式。最后来看家国同"存",在面对国家灾难、社会危机以及"忠""孝"难以两全时,中国人具有与生俱来的大局观和舍生忘死、舍生取义的自我牺牲精神。正所谓"覆巢之下安有完卵""国之不存,何以家为"。

在西方文化中,从洛克的《政府论》到卢梭的《契约论》,"家"和"国"被看作两个不同的领域,遵循着不同的组织原则和治理原则。在洛克和卢梭看来,为了维护人的天生自由权,人们订立契约、成立政府;统治者的权力来源于被统治者的同意,"人们联合成为国家和置身于政府之下的重大的和主要的目的,是保护他们的财产"。在这种关系中,家庭只是人的自由权和财产权的结合体,政府是国家的临时代理机构,家与国往往处于个人自由权、财产权的对立关系中,需要不同政治团体之间的权力斗争和选举政治来加以平衡。

有西方学者曾感慨:西方人将国家看作一个侵入者、一个陌生人,其权力自然应该是明确界定的和加以限制的。中国人对国家完全不这样看,中国人将国家看作亲密的——并不是和家庭成员一样亲密,事实上也不被看作家庭的一个成员,却是所有家庭的首脑、所有家庭的家长。这就是中国人对国家的看法,它以一种完全不同于西方的方式深植于社会中。

■ 课程思政的教学实施方案

阅读与讨论：本章思政内容要求学生具有一定的中国文化基础和社会洞察能力，通过中西文化结构的比较，增强对中华民族文化的自信。参考：万君宝. 中国人的"家国情怀"怎样异于西方？[N]. 解放日报，2017 - 08 - 22.

第十讲　适应性组织结构设计

■ 专业教学目标

1. 了解团队结构。

2. 了解项目和矩阵结构。

3. 了解内部自治单元。

4. 了解无边界组织。

5. 了解虚拟组织与外包。

■ 思政元素分析与相关知识板块

中国人很少使用矩阵式结构，因为该结构违背了统一指挥原则，项目中的人员既要接受企业职能部门的领导，又要接受项目经理的领导，实行双重指挥链。中国文化中的组织，往往处于复杂的、模糊的人际关系中，在情与法之间很难划分明确的行为边界。因此，中国人不擅长建立和维护矩阵式结构，它意味着高昂的沟通成本、复杂的人际矛盾和互相推诿带来的低效率。因此，中国文化系统中很少（不是绝对没有）大范围建立以矩阵式为主导的组织结构。

■ 课程思政的教学实施方案

小组讨论：鼓励学生提出正面或反面的例证，要求学生对矩阵式结构在管理实践中的运用具有比较深入的了解。矩阵式结构运用于宝洁、强生等多品牌公司，既发挥了总公司职能管理部门的专家职能与核心专长，又调动了项目经理（品牌经理）的积极性，是当代比较先进的组织机构设计。但它破坏了统一命令、统一指挥原则，在实施双重指挥链的过程中会产生大量部门冲突与沟通问题。它要求对权力的交叉和权力的边界作出详细说明与精致设计，在强调人际模糊性的中国文化环境中，一般很少使用这种双重指挥链的矩阵式结构。

第十一讲 沟 通 管 理

■ 专业教学目标

1. 定义沟通,解释人际沟通的过程。

2. 介绍人际沟通方法,有效沟通的障碍和克服障碍的方法。

3. 对比组织中的各种沟通方式和网络、正式和非正式沟通、沟通的流向、组织沟通网络。

4. 描述信息技术对管理沟通的重要影响。

■ 思政元素分析与相关知识板块

中西方在人际沟通方面的差异:(1)西方直呼其名;中国人一般称姓氏,长辈要加尊称。(2)西方人际交往相对简单,中国人际交往较复杂。(3)西方对长辈的称呼只有简单几个,中国的称呼要复杂得多。

■ 课程思政的教学实施方案

启发式教学:可邀请班级中的留学生就自己到中国的切身感受,谈谈中国的人际交往与本国人际交往的差异;也可以请具有出国经历的中国学生畅谈自己出国学习、考察时在人际交往过程中面临的文化冲突与文化冲击。通过本课程思政内容的学习,可以提高学生对文化差异的敏感性,对全球化管理中的文化多样性获得切身体会。

第十二讲 激 励 员 工

■ 专业教学目标

1. 定义激励和需要。

2. 描述三种早期激励理论:马斯洛需要层次理论、麦格雷格的 X 理论和 Y 理论、赫茨伯格的双因素理论。

3. 介绍当代激励理论:三种需要理论、目标设置理论、强化理论。

4. 设计挑战性工作,理解公平理论、期望理论和当代激励理论的综合运用。

5. 讨论当代激励问题。

■ 思政元素分析与相关知识板块

中国人的金钱激励:它涉及马斯洛的需要层次理论、双因素理论、X 理论、三种需要理论、强化理论等多种理论。有人认为中国人对钱具有超敏感性，对金钱的追求没有止境。根据这一点，不同的企业采取了不同的激励方法。例如，给予员工高工资；给予员工虚拟股份，让员工参与分红；部门经理对员工实施积分奖励，员工所获积分可到公司商店兑换肥皂、牙膏、啤酒、卫生纸等日用品；对迟到员工每次扣钱 100 元；对参加会议的员工当场领资金 500 元；年终提出合理化建议的员工，每条建议获得 100 元奖励。

■ 课程思政的教学实施方案

启发式教学和案例教学：分组讨论，每组学生举出 10 种在管理实践中行之有效的金钱激励方式。可设置的讨论题如下：在中国的管理实践中，金钱激励有哪些？这些激励措施对中国人真的有效吗？是否对任何国家的人都有效？这些讨论意在强化学生对激励多样性、丰富性的认知。可在此基础上，进一步讨论与之对应的非金钱激励，从而有利于提高学生作为未来管理者的激励技巧。

第十三讲　成为有效的领导者

■ 专业教学目标

1. 区分管理者与领导者。

2. 阐述领导特质理论和领导行为理论。

3. 阐述领导的权变理论：菲德勒模型、情景领导理论、领导参与模型、途径-目标模型。

4. 讨论领导理论的前沿问题。

■ 思政元素分析与相关知识板块

中国当代企业家的领导风格：中国当代企业家的领导风格，可以从领导特征理论、领导行为理论、情景（权变）领导理论、当代领导理论来加以综合分析。

■ 课程思政的教学实施方案

案例讨论："李书福的人生跨越"是一个领导理论的综合案例。从领导特征理论看，他乐观开朗、积极进取、敢担风险、具有强烈的报国意识和社会责任感；从领导行为理论看，他是放手型、双高型、团结协作型领导；从权变领导理论看，他是在极不利的条件下完成了组织目标的领导者，他能够根据不同情形对员工实施指示型、支持型、参与型、成就导向型领导风格;从整体领导(当代领导)理论看,他是典型的变革型、愿景型、魅力型、团队型领导。李书福面对强大国际汽车巨头和国内合资品牌,敢于迎难而上,不惧风险,为中国的民族汽车工业作出了非凡的贡献,是一位具有高尚民族风范和强烈社会责任感的优秀企业家。通过本案例的学习讨论,可以进一步增强学生的管理伦理意识和爱国主义情怀。

第十四讲 监管和控制

■ 专业教学目标

1. 定义控制,解释控制的重要性。

2. 描述控制过程,区分控制的三种类型——前馈控制、同期控制、反馈控制。

3. 描述有效控制系统的特性,分析影响控制系统的权变因素。

4. 讨论当代控制问题。

■ 思政元素分析与相关知识板块

中国企业家对企业的控制:控制的类型可以分为前期控制、同期控制和反馈控制。

■ 课程思政的教学实施方案

案例讨论:"腾飞还是失控?——朱新礼和他的汇源果汁"案例的设计意在让学生深入了解当代中国果汁业竞争环境的基础上,总结朱新礼作为农民企业家和"果汁大王"的成败得失,着重讨论在企业规模迅速扩大、企业上市后,企业面临的完全不同的竞争环境和朱新礼多方面的控制失误。

三、"管理学原理"课程思政元素总览表

表 7－2   "管理学原理"课程思政元素总览

课程章节	主要教学内容	主要课程思政元素	专业思政维度（一级指标）
第一讲 工作场所的管理者	解释管理者、管理等基本概念,区分效率与效果。描述管理职能、管理过程、管理角色、管理技能。定义组织,说明管理与组织的关系。阐明研究管理的意义	中国改革开放的效果与效率;"绿水青山,才是金山银山";中国的碳达峰与碳中和;结合"一带一路"倡议,如何做一个成功的管理者	社会责任 家国情怀

课程章节	主要教学内容	主要课程思政元素	专业思政维度（一级指标）
第二讲 管理思想史	讨论管理与其他研究领域的联系，讲述管理的历史背景。了解20世纪前管理的主要贡献者，科学管理及其重要贡献，一般行政管理理论及其重要贡献，定量方法及其贡献。理解组织行为，描述早期先驱的贡献、霍桑实验及其贡献。讨论当前趋势和问题	儒家管理思想 道家管理思想 兵家管理思想 中国的和谐文化	家国情怀 科学精神
第三讲 组织文化与环境	区分管理万能论和象征论。定义组织文化，理解构成组织文化的七个维度，区分强文化和弱文化。定义外部环境，描述具体环境和一般环境，评价环境的不确定性，理解利益相关者关系管理	中国文化主体："粮店""药店""百货店"	家国情怀 共同体理念
第四讲 社会责任与管理伦理	阐述社会责任的古典观点和社会经济观，列举支持和反对社会责任的观点。区分社会义务、社会响应和社会责任，阐述社会责任与经济绩效的关系。描述价值观导向管理和管理绿色化。区分四种道德观，理解影响管理道德行为的因素，讨论改善员工行为的各种途径	管理伦理的四个维度 企业家的社会责任	社会责任 共同体理念
第五讲 管理变革和创新	变革过程，组织变革的类型，变革阻力的管理，当代变革管理问题，激发创新	中国的变革与俄罗斯的变革	家国情怀 法治精神
第六讲 决策：管理者工作的本质	定义决策，概括决策过程，解释决策的普遍性。描述理性决策者，对比理性与有限理性的决策制定方法，区分问题和决策的类型。分析决策条件，区分确定性、风险性、不确定性决策条件。描述不同的决策风格	中国的决策者 中国的决策风格 中国的直觉决策	家国情怀 科学精神

课程章节	主要教学内容	主要课程思政元素	专业思政维度（一级指标）
第七讲 计划工作的基础	定义计划工作,分析管理者制订计划的原因。说明目标在计划工作中的作用,区分计划的类型,掌握确定目标的方法与步骤,描述良好目标的特征。计划工作的权变因素。对计划工作的批评,在动态环境下有效制订计划	"中国梦"与长期计划中国的"五年规划"与"举国体制"	家国情怀 共同体理念
第八讲 战略	阐明战略管理的重要性,描述战略管理过程,解释 SWOT 分析。区分公司层战略、事业层战略和职能层战略。解释竞争优势,描述五力模型,识别竞争战略	华人企业家郭鹤年的多元化战略	家国情怀 社会责任
第九讲 基本的组织结构设计	定义组织结构、组织设计,解释结构与设计对一个组织的重要性。描述组织结构的六个关键要素:工作专门化、部门化、指挥链、控制幅度、集权和分权、正规化。区分机械组织和有机组织设计,识别影响组织设计的权变因素。描述常见的组织结构形式:简单型结构、职能型结构、事业部型结构	作为家庭的组织中国的文化结构——家国同构	家国情怀
第十讲 适应性组织结构设计	团队结构,项目和矩阵结构,内部自治单元,无边界组织,虚拟组织与外包	中国人很少使用矩阵式结构	家国情怀
第十一讲 沟通管理	定义沟通,解释人际沟通的过程。介绍人际沟通方法、有效沟通的障碍和克服障碍的方法。对比组织中的各种沟通方式和网络、正式和非正式沟通、沟通的流向、组织沟通网络。描述信息技术对管理沟通的重要影响	中西方在人际沟通方面的差异	家国情怀

续表

课程章节	主要教学内容	主要课程思政元素	专业思政维度 （一级指标）
第十二讲 激励员工	定义激励和需要,描述三种早期激励理论,介绍当代激励理论,设计挑战性工作,介绍公平理论、期望理论、当代激励理论的综合,讨论当代激励问题	中国人的金钱激励	家国情怀
第十三讲 成为有效的领导者	区分管理者与领导者。阐述领导特质理论和领导行为理论。阐述领导的权变理论。讨论领导理论的前沿问题	中国当代企业家的领导风格	社会责任 家国情怀
第十四讲 监管和控制	定义控制,解释控制的重要性。描述控制过程,区分控制的三种类型。描述有效控制系统的特性,分析影响控制系统的权变因素。讨论当代控制问题	中国企业家对企业的控制	家国情怀 社会责任

第八章 "组织行为学"课程思政教学指南

一、"组织行为学"课程的专业教学体系与课程思政教学目标

(一)"组织行为学"课程简介

1. 课程主要内容

"组织行为学"课程探究企业管理如何通过人来实现生产效率的提高和企业长存。洞察人性、洞悉人心是领导力修炼的根本。本课程将从个体、人际、群体和组织等层次来帮助学生深入、系统地探讨人在组织中的行为以及这些行为的影响。通过这些知识与技能的学习和整合应用,学生能够更好地理解、解释、预测和改变人在组织情境中的行为,从而提升团队和组织效能。此外,本课程还将着力培养学生从多角度分析问题的能力,使学生在面对复杂的管理问题时能够提出创新性解决方案。

本课程将通过以下课程内容来实现课程目的:传统的组织行为学基本知识结构,即个体层次的能力、人格、价值观、态度、情绪、知觉、决策、动机,群体层次的群体心理、群体结构、群体行为、沟通、领导力,以及组织层次的组织文化、组织变革与发展;组织行为学领域的最新理论与实践,如灵活就业、资质过剩、新型工作设计、道德领导、公仆式领导、伦理氛围等。在讨论这些主流组织行为学专题的同时,本课程将结合中国历史文化和社会现实,启发学生分析、理解当代中国组织的特殊性,以及一些中国特色的组织现象。本课程还将以组织中出现的典型伦理道德问题为例与学生共同探讨什么行为是符合伦理道德的,以及如何通过制度设计和营造健康的组织伦理氛围来诱发和改善员工的伦理行为。此外,本课程还将探讨中国国际化过程中的文化冲突和组织内跨文化管理。

2. 专业教学目标

借助参与式、讨论式、练习式、探究式教学设计,学生通过对本课程的学习,实现知识、能力和态度三方面的变化。从知识方面应该掌握组织行为学领域的基本概念、主要理论和分析工具,组织行为学管理问题的分析流程,组织行为学的典型案例与最新实践、经典学说与前沿研究;从能力方面应该具备有效人员激励的能力,建设和领导团队的能力,分析组织内典型伦理道德问题的能力,分析组织中跨文化/多文化管理问题的能力,从多角度分析组织结构和(人事)制度设计上存在的问题并提出可行的解决方案的能力,以及合作、表达、书写、展示的能力;从态度方面应该具备对组织行为学研究与创新的兴趣,对工作意义的深入思考,对未来工作形态和组织方式的探索和创新。

3. 教材与课程特色

(1)教材选用

本课程同时使用两本教材:一本为高等教育出版社出版的孙建敏和张德编著的《组织行为学》,另一本为中国人民大学出版社翻译出版的斯蒂芬·罗宾斯和蒂莫西·贾奇所著的《组织行为学》。

(2)课程特色

作为工商管理专业核心课程,我们期待学生通过学习,不仅能全面掌握组织行为学的专业知识、管理问题分析技能,而且能借此机会树立积极的价值观,了解管理活动中人力资源管理专业活动的职业伦理,树立正确的世界观、人生观。具体来看,本课程的特色如下:

第一,教学理念创新。"组织行为学"的授课内容和知识结构主要以现代心理学、社会学、人类学等相对成熟的学科为基础研究当下组织中的人、由人组成的群体的态度和行为,以及组织管理最佳实践和未来发展。中国具有鲜明特色的历史文化环境及企业发展实践要求课堂教学过程将中国企业面临的现实挑战和问题纳入分析和研讨。

第二,价值引导教学。中国情境下的组织行为学研究在全球组织行为学知识体系中,从一株小灌木成长为今天的参天大树,主要得益于中国经济的迅速崛起和综合国力的快速提升。一方面,组织行为学的本土科研重视西方理论发现的中国情境验证;另一方面,强调中国情境下本土组织行为学理论的开发与研究。因此,课堂教学要重视中国文化理念与思想,讲好中国故事。通过前沿研究进课堂,将最新的责任与价值导向的组织行为学研究带给本科生,深化学生对"中国情境下的管理研究"的理解。

第三,教学设计创新。在教学工具上既使用前沿论文,又使用最新的管理案例;在教学要求上要求学生积极参与课前预习、课堂讨论和课后复习;在教学形式上既有启发式授课和互动型研讨,又有情景模拟和角色扮演游戏,在考核形式上使用"个人+团队""写作+演讲""英文+中文"等不同方法综合考核,实现对学生正确的价值观引导、科学的组织行为学教授和全面的能力素质培养。

(二)"组织行为学"课程思政特征分析与教学目标

1. "组织行为学"课程思政特征分析

"组织行为学"课程因为兼具对企业管理外部挑战的分析,对企业内部人力资源的分析,对个体层次个体差异、需求动机的分析,对群体层次群体心理、领导力的分析,以及对组织层次、组织文化、组织变革的分析等,与责任、伦理、科学、法治等思政育人元素有充分的联系,所以其课程思政特征主要表现在宏观上既关注中国的全球化过程中跨文化/多文化管理问题、了解国际的最佳实践,又弘扬中国管理文化与思想,体现家国情怀和人文精神;在微观教学上注重培育科学精神、客观理性精神,将思政教育与学生创新思维、理性思维、系统思维及创新创造能力培养有机融合,在让学生掌握组织行为学经典理论、知识、分析工具的同时,通过最新的企业实践和学术研究,了解组织行为学思想前沿;在法治精神和社会责任培养上,明确公平正义、诚实敬业、社会责任以及管理伦理等人生观和价值观的重要性与必要性。

通过选编中国本土组织行为学科研成果和最佳实践,将反映中国特色的教学素材和优秀的中国企业案例融入课程内容,重视引入中华民族管理思想中的精粹,在整个课程中弘扬积极正面的理念和价值观。因此,本课程坚持思政融合,注重立德树人。

2. "组织行为学"课程思政教学目标

基于"组织行为学"课程思政特征,本课程在专业教学中进行社会主义核心价值观、道德观和法治观的教育,系统设计思政元素与课程内容的结合点以及融入方式。通过概念、理论、模型、案例、模拟、游戏等不同方式,润物细无声地向学生传递正能量,引导学生结合专业知识进行价值思考,深入社会实践、关注现实问题,协助学生树立正确的价值观、人生观、决策观和国家责任感,使学生在将来的工作中做到诚实守信、艰苦奋斗、科学思考,具备国际视野和专业精神。

"组织行为学"课程思政元素与知识点的关联如表8-1所示。

表8-1   "组织行为学"课程思政元素与知识点的关联

一级指标	二级指标	与本课程知识点的关联
社会责任	具备管理伦理意识	组织行为学中决策、群体、领导力、组织文化等章节涉及伦理、道德和规范。学生应识别和理解个体决策与群体决策中的道德决策伦理问题,了解组织文化和领导力中道德伦理的要求与内涵,以及当前社会管理伦理的新发展和新要求。结合真实案例,理解和判断企业如何提高个体、群体以及组织层次的管理伦理意识
	具有社会责任感	社会责任是组织行为学中组织层次管理的重要内容,组织行为学中组织文化和组织变革等章节涉及社会责任感。学生应掌握社会责任的构成与内涵,能够结合案例理解和分析社会责任对组织内人力资源管理的意义
家国情怀	熟悉中国管理文化与思想	在组织行为学激励动机理论和领导力理论梳理中,引入中国本土科研成果,了解传统历史文化和价值观,以及以毛泽东、邓小平为代表的中国革命文化中的激励和领导思想,使学生认识中国文化中激励和领导方式的独特性
共同体理念	关注中国的全球化	在应用组织行为学面临的挑战和机遇分析部分,理解中国与世界的关系,理性分析和理解中国的全球化带来的管理挑战和机遇,不断加深对中国与世界关系的认识,思考和探索中国在全球化过程中的跨文化/多文化管理问题
	了解国际最佳实践	在应用组织行为学知识分析和解决管理问题时,全面了解全球最佳企业管理实践。植根中国,思考国际经验如何与中国实际相结合,以开放的心态和包容的理念,学习和传播最佳管理实践
科学精神	具有科学管理精神	在组织行为学发展历史和研究方法的学习讨论部分,学习并掌握科学的组织行为学分析方法、技术和工具。理解如何用科学的方法和手段来分析和解决组织行为学问题
	具备客观理性精神	理解组织行为学中个体差异、态度、行为、动机、群体发展、领导力等基本规律,认识组织行为学要素之间的关联关系,如个体差异、群体发展阶段对领导力类型选择的影响等,以客观和辩证的理念思考和理解组织行为学理论与实践

一级指标	二级指标	与本课程知识点的关联
科学精神	具有创新创造与企业家精神	在创造力决策与组织变革部分,通过理论分析和案例讨论,充分理解创造力、创新精神在组织生存和发展中的重要意义。鼓励学生在学习和实践过程中迎接挑战,尝试有创造力的解决方案,勇于创新
法治精神	公平正义	在组织行为学的价值观、激励理论、领导力理论分析部分,通过案例分析,深入理解公平正义对企业可持续发展的重要意义
	诚信敬业	社会主义核心价值观强调重信守诺、爱岗敬业的职业精神。在组织行为学的人与组织的关系、价值观、激励理论、领导力理论分析部分,通过案例分析,深入理解诚信敬业对个体职业发展的重要意义

二、"组织行为学"各章节课程思政教学指南

第一讲　组织行为学概述

■ 专业教学目标

1. 阐释人际技能在工作场所中的重要性。

2. 界定组织行为学。

3. 解释系统研究对组织行为学的价值。

4. 阐释组织行为学中没有绝对的真理的原因。

5. 描述管理者在应用组织行为学的概念时面临的主要挑战和机遇。

6. 描述通过学习组织行为学所获得的适用于其他专业或未来职业的关键就业技能。

■ 思政元素分析与相关知识板块

1. 关注中国的全球化。强调当今世界政治经济形势的变化、企业外部环境的变化,尤其是中国的全球化下对组织行为学研究和实践的新要求,理解组织行为学不仅对企业和个人重要,而且对国家很重要。

2. 具有社会责任感。强调企业除了要承担经济责任外,还必须承担其他社会

责任。社会责任意识除了对企业和社会发展很重要,对个人的未来职业发展也非常重要。理解组织行为学除了需要关注如何承担经济责任,更要关注个体、群体、组织如何承担社会责任。

■ 课程思政的教学实施方案

案例讨论法:

1. 案例引入。通过引入华为和抖音的国际化经历,引导学生思考中国企业在全球化过程中遇到的挑战和机遇,从中选择一个挑战,让学生重点思考应对此挑战,企业内部需要具备哪些能力,这些能力与组织行为中的概念的关系。让学生理解组织行为学对企业成功和对国家的重要性。

2. 问题导向的启发式教学。通过问题"让人满意的工作和企业有哪些特点"以及"让人不满意的工作和企业有哪些特点"来询问个人未来求职关注的要素并进行系统归纳,引导学生讨论企业社会责任如何影响企业的生存与发展,以及对新生代员工的求职意愿和工作满意度的影响。

第二讲　组织行为学的历史沿革和研究方法

■ 专业教学目标

1. 了解组织行为学的历史沿革。

2. 了解对组织行为学有贡献的其他主要行为科学分支。

3. 理解组织行为学常用的研究方法。

4. 理解组织行为学模型的三种分析水平。

5. 阐释询证管理的重要性。

■ 思政元素分析与相关知识板块

1. 具备科学管理精神。学生需要了解组织行为学作为一门行为科学和应用科学的历史发展过程及其学科基础,能够理解行为科学的基本研究术语、研究模型类型、常见的研究方法、评价研究结论的标准。

2. 具备客观理性精神。强调科学研究是获取知识的重要手段,并且学生需要理解客观理性精神、批判性思维对科学知识积累和发展的必要性。

3. 具有创新创造与企业家精神。强调创造力和创新能力在组织行为学研究中的作用,更重要的是应用组织行为学的研究结论来提高管理实践的效果和效率。强调询证管理的价值,让学生理解管理者的创造力、创新能力以及企业家精神在将科学研究转化到管理实践过程中的重要作用。

■ 课程思政的教学实施方案

文献研读与讨论法:

1. 文献研读。通过带领学生研读优秀学术期刊论文,展示组织行为学学术研究的一般方法和研究过程,启发学生思考学术研究的结论如何帮助理解现实组织现象、解决管理问题、改善组织管理制度。

2. 小组讨论。通过小组讨论,让学生思考如何将感兴趣的现象抽象为研究变量,并形成研究假设,提出可能的研究设计。引导学生体验常见的组织行为学研究过程,从中理解客观理性精神、创新创造精神、批判思维能力等如何帮助我们更好地研究和理解组织现象。

第三讲 工作态度、个体与组织的关系、工作行为

■ 专业教学目标

1. 区分态度的三种成分。

2. 总结态度与行为之间的关系。

3. 对主要的工作态度进行区分和比较。

4. 界定工作满意度并说明如何测量它。

5. 总结影响工作满意度的主要因素。

6. 指出工作满意度的影响后果。

7. 指出员工在不满意时的四种反应方式。

8. 界定并测量个人与组织的契合度。

9. 区分组织认同与组织承诺。

10. 界定心理契约的含义及其作用机制。

11. 理解组织公民行为的含义与作用。

■ 思政元素分析与相关知识板块

1. 具有社会责任感。结合工作满意度概念的学习,了解企业社会责任如何影

响员工的工作满意度。提升学生关注社会责任实践的意识，培养公民意识，培养组织公民行为的意识。强调通过建言等行为来改善企业社会责任实践。

2. 熟悉中国管理文化和思想。讨论不同的个体与组织的关系的概念时，对比分析西方研究和中国本土研究的结论的共同点和不同点，引导学生思考如何应用研究结论来改善管理实践。

■ 课程思政的教学实施方案

案例讨论法：

1. 互动式讨论。引导学生列举他们了解到的"新冠"疫情防控期间不同企业的社会责任实践，通过分析真实的案例，让学生理解企业社会责任如何影响员工的工作态度和日常工作行为，并引导学生讨论其他情境中不同的企业社会责任实践，然后让学生选出中国文化下最佳的企业社会责任实践活动。

2. 案例讨论和分析。展示"组织承诺：润'心'无声，正'行'有力"组织行为学案例。此案例贴合学生未来工作情境，有效吸引学生思考新入职大学生陈宇在银行的工作经历，通过其在不同支行的工作表现来探讨员工的组织承诺水平对其工作行为的影响。一方面引导学生掌握组织承诺的构成、影响因素、形成机制及其对员工个体行为的影响，另一方面引导学生思考企业应该如何提高员工的组织承诺水平。

第四讲　情　绪　和　心　境

■ 专业教学目标

1. 区分情绪和心境。

2. 识别情绪和心境的来源。

3. 描述情绪劳动对员工的影响。

4. 描述情感事件理论。

5. 描述情绪智力。

6. 了解情绪调节策略。

7. 将关于情绪和心境的概念应用到组织行为的具体问题中。

■ 思政元素分析与相关知识板块

1. 了解国际最佳实践。强调当代组织行为学对组织中人的理解已经有了重大变化,从"理性人""科学管理"发展到了职场"情绪劳动""情绪智力""情绪管理"。思考如何有效地进行情绪劳动、情绪管理,发展情绪智力,以帮助学生了解国际最佳实践。

2.具有科学管理精神。通过对比不同情绪智力的模型,引导学生理解适用于其他专业或未来职业的关键就业技能之一是有效的情绪调节能力。尤其是管理者,需要有科学的影响员工情绪和心境的能力和技能。引导学生练习情绪调节技术。

■ 课程思政的教学实施方案

1.文献研读与讨论法。让学生对 Weiss 和 Cropanzano(1996)的原文进行研读和课堂展示,以了解围绕这一主题的主要理论发现和研究结论,并围绕文章的核心思想,引导学生对情绪如何影响工作满意度和工作绩效、管理者如何应用情感事件理论展开思考和讨论。

2.案例讨论法。引入案例"万科王石——严厉的批评",引导学生分析领导者的情感表达、情绪智力、情绪调节等对下属员工的行为和表现的影响;同时,引导学生分析下属面对质疑时有哪些有效的情绪调节技术。

第五讲 个体差异:能力、人格与价值观

■ 专业教学目标

1.论证智力能力与体质能力、组织行为之间的关系。

2.描述人格、人格的测量方法以及人格的决定因素。

3.描述迈尔斯-布里格斯类型指标(MBTI)人格框架和大五人格模型的优势与劣势。

4.讨论核心自我评价(CSE)、自我监控、主动性人格、黑暗三特质等概念是如何促进对人格的理解的。

5.描述人格是如何影响求职和失业的。

6.描述具体情境如何影响人格对行为的预测能力。

7.比较终极价值观和工具价值观。

8.描述人-工作匹配和人-组织匹配之间的差异。

9. 比较霍夫斯泰德的五大价值观维度和 GLOBE 框架。

■ 思政元素分析与相关知识板块

1. 了解国际最佳实践。通过不同个体差异概念的对比、不同人格测量方法的比较，以及对不同个体差异在人力资源管理中的应用的深入剖析，使学生了解经典的人格测评工具，思考人格测评的应用场景，思考国际通用的测评工具如何与中国管理实际相结合。

2. 关注中国的全球化。通过对霍夫斯泰德的国家文化价值观维度的教授，使学生思考每个价值观维度如何影响不同国家和地区的组织管理实践。通过教授 GLOBE 框架，使学生思考不同的国家和地区有哪些理想的组织领导实践。基于此，引导学生思考中国企业在全球化过程中如何应对其他国家和地区文化价值观的挑战。

3. 具备管理伦理意识。当代的管理需要管理者具备管理伦理意识和社会责任感。具体来说，管理者有不同的价值观，组织行为学需要培养学生正确的价值观。通过比较终极价值观和工具价值观，让学生理解正确的价值观和管理伦理原则。

■ 课程思政的教学实施方案

课堂练习与互动游戏：

1. 课堂练习。让学生进行 MBTI 人格测试和大五人格模型测试。让学生分享测试结果，并要求学生对比两种测试的结果以分析它们的优势、劣势和应用场景。

2. 价值观游戏。让学生四人一组进行"价值观抽取"游戏。每个学生在一轮四个价值观中选择一个代表其自己的"价值观"，每个"价值观"一次只能由一个人使用。游戏顺序按顺时针方向移动，下一个人将执行相同操作，以此类推，直到一轮所有"价值观"都被拿完为止。下一回合开始，第一个玩家可以从新一轮的四个"价值观"中添加一个"价值观"，也可以将其他人拥有的一个"价值观"拿过来，被取走"价值观"的玩家从第一行和第二行中选择两个新的。通过十一轮"价值观抽取"，让学生明晰组织中有哪些重要的价值观，理解价值观分类、价值系统等重要概念。

小组讨论法：让学生分组查看霍夫斯泰德的价值观维度和 GLOBE 框架维度的定义及具体实例。启发学生课堂讨论，分析每一种价值观维度如何影响可见的组织制度设计和管理实践活动。总结并延伸讨论国家文化价值观框架如何有助于对中国企业"出海"能力的培养。

第六讲　知觉和个体决策

■ 专业教学目标

1. 解释影响知觉的因素。

2. 描述归因理论。

3. 解释知觉与决策的联系。

4. 比较理性决策模型与有限理性模型、直觉模型的不同。

5. 解释个体差异和组织限制是如何影响决策的。

6. 比较道德决策中的三种标准。

7. 描述创造力三阶段模型。

■ 思政元素分析与相关知识板块

1. 具有创新创造与企业家精神。强调当代组织行为学对决策过程的理解已经有了重大变化，从"完全理性"模型发展到了"有限理性""直觉""创造力"决策模型。启发学生思考每一种决策模型的优点、缺点以及适用场景，尤其是创造力模型的重要性。帮助学生了解如何评价创造力，如何激发创造力。

2. 具备管理伦理意识。当代的管理决策不仅要解决企业效率和生产问题，而且要管理者有道德伦理意识，决策过程符合道德伦理要求，决策结果满足公平正义。引导学生理解为什么个体不总是遵循组织宣扬的道德标准，甚至个体会违背自己的道德标准。

■ 课程思政的教学实施方案

课堂练习与互动分享：

1. 课堂游戏。结合创造力测评游戏，让学生体验评价创造力的三种标准，激发学生提高自身创造力的意识。

2. 设计思维游戏。将学生分组后进行设计思维的小组游戏，通过小组互动来对重新设计办公桌椅进行讨论,让学生体验设计思维的基本步骤,了解激发创造力的有效环境。

案例分析法:引导学生分享自身经历过的企业不道德行为,结合学生个人案例,启发学生思考组织内为何发生不道德行为,列举各种原因并进行分类,总结出个体、群体、组织、环境这四个方面影响(不)道德行为的主要因素。

第七讲　动机和激励概念

■ 专业教学目标

1. 描述动机的三要素。

2. 评估早期动机理论在当今的适用性。

3. 应用自我决定理论解释内部奖励和外部奖励。

4. 阐释员工的工作投入在管理上的意义。

5. 描述目标设置理论、自我效能理论和强化理论。

6. 解释组织公平是如何改进公平理论的。

7. 应用期望理论的基本原则来激励员工。

8. 比较当代的动机理论。

■ 思政元素分析与相关知识板块

1. 具有科学管理精神。管理通过人来实现目的,激励员工是管理的本质之一。动机和激励从早期的需求理论到当代的自我决定、目标、公平、期望理论,如何有效激励员工已经形成了一套科学体系。但是现实中很多管理者还是凭经验效仿潮流进行人员激励。通过对比和整合分析,让学生深入理解科学激励理论体系。

2. 公平正义。公平理论和组织公平框架有效整合了公平管理原则,理解公平正义所蕴含的分配公平、程序公平、互动公平,以及不同的公平原则;同时,理解组织公平框架是如何改进公平理论的。

3. 诚信敬业。员工敬业是组织人员管理追求的目标之一。让学生对比敬业和倦怠,理解影响敬业的管理要素和避免倦怠的要素。

■ 课程思政的教学实施方案

启发式教学与小组讨论法：

1. 小组讨论。将课堂上的学生分成两组，一组学生讨论如何提升和保持部门的高工作动机，另一组学生讨论如何破坏部门员工的工作动机。启发学生思考提升或破坏工作动机的措施背后的原理，从而理解重要的激励理论。

2. 启发式教学。引导学生思考为什么职场上的员工会感受到职业倦怠。强调工作敬业的积极意义，并启发学生思考哪些工作环境要素可以激发员工高敬业的工作状态。

案例分析法：引导学生描述其使用美团或者饿了么等 App 点外卖的经历，从而引入案例"美团外卖：零工经济下的数字劳工激励"，启发学生思考美团"超脑"如何赋能外卖，如何对骑手进行激励。采用"超脑"管理骑手引发了什么问题？如果你是美团的负责人，如何提高骑手的公平感知？

第八讲 动机与激励：从概念到应用

■ 专业教学目标

1. 描述工作特征模型，以及它是如何通过改变工作环境来激励员工的。

2. 比较工作再设计的主要方法。

3. 阐述目标管理。

4. 解释工作安排方案是如何激励员工的。

5. 描述员工参与方案是如何激励员工的。

6. 阐释各种不同的浮动工资方案是如何增强员工动机的。

7. 说明灵活的福利如何将福利转化为动机。

8. 阐释内部奖励的激励作用。

9. 说明在中国文化背景下的激励实践。

■ 思政元素分析与相关知识板块

1. 了解国际最佳实践。目标管理（MBO）是企业激励体系的重要一环，如何开展有效的目标管理、为什么一些企业的目标管理会失败是学习的重点。通过引入国际最佳实践，如 OKR、ProMe 等具体的目标管理方式，让学生了解有效的目标管理原则。

2. 熟悉中国管理文化和思想。中国文化背景下的激励实践有三个明显的时代区别：古代、社会主义计划经济时代以及社会主义市场经济时代。中国古代的优秀文化传统和计划经济时代的激励实践都影响了当代中国企业的激励制度设计。

■ 课程思政的教学实施方案

案例分析与小组讨论法：

1. 案例分析。引入 Google 的 OKR 这一案例，强调 OKR 的特殊原则以及 OKR 与 KPI 的不同，同时强调应用 OKR 的保障措施和适用的组织条件。

2. 分组讨论。让学生分组寻找不同的中国文化背景下精神激励方法的真实案例，并进行课堂展示。

第九讲　群体心理与行为

■ 专业教学目标

1. 定义群体并区分不同类型的群体。

2. 指出群体发展的五个阶段。

3. 说明角色要求是如何随着不同情境而变化的。

4. 描述群体规范和地位如何影响个体行为。

5. 描述群体规模如何影响群体绩效。

6. 比较高凝聚力群体的利弊。

7. 说明群体多样性对群体有效性的影响。

8. 比较群体决策的优劣。

9. 比较互动群体、头脑风暴、名义小组技术的效果。

■ 思政元素分析与相关知识板块

诚信敬业。一方面人们普遍认可诚信敬业是正确的工作观，另一方面人们普遍看到不诚信不敬业的行为，此类行为在组织行为学中被称为工作场所偏差行为或者反生产行为。阐释群体规范对行为的约束作用，同时说明工作场所偏差行为产生的原因。强调如何建立积极的群体规范，尤其是高水平的绩效规范。

■ 课程思政的教学实施方案

文献研读和启发式授课法：通过研读 Bennet 和 Robinson（1995），结合课堂讨论，让学生深入理解工作场所偏差行为，如何建立积极的群体规范尤其是高水平的绩效规范从而避免工作场所偏差行为。

第十讲　领 导 与 沟 通

■ 专业教学目标

1. 比较领导与管理。

2. 总结领导特质理论的研究结论。

3. 指出领导行为理论的核心成分和主要局限。

4. 根据获得研究支持的程度来评价各种领导权变理论。

5. 比较魅力型领导和变革型领导。

6. 界定新型领导力和中国特色领导力模型。

7. 描述导师制对我们理解领导的作用。

8. 指出有效领导面临的挑战。

9. 指出沟通的主要功能和沟通过程。

10. 比较不同的沟通类型。

11. 解释为什么渠道丰富度是选择沟通渠道的基础。

12. 区分说服性信息的自动处理和控制处理。

13. 识别有效沟通的常见障碍。

14. 说明如何克服跨文化沟通中可能存在的问题。

■ 思政元素分析与相关知识板块

1. 具备管理伦理意识。道德领导力是新型领导力的一种类型。道德型领导者具有双重角色——道德的人和道德的管理者。道德领导力的核心在于将道德置于组织结构的核心地位，并使其推动企业实现其使命。强调学习道德领导力的社会价值和道德领导力的重要作用。

2. 熟悉中国管理文化与思想。中国本土儒家文化形成了家长式领导的特色领导力风格。家长式领导在一种人治的氛围下，显示出严明的纪律与权威、父亲般的仁慈及道德廉洁性的领导方式。强调学习家长式领导如何以威服人、以情动人、以德感人。

3.具有创新创造与企业家精神。在熊彼特关于创新的基本观点中,特别强调创新是生产过程中的内生行为,是企业从内部自行发生的变化,而创新主体就是企业家,其核心是企业家精神。这实际上强调了创新中的本源驱动力及其主体性地位。结合海尔集团的战略转型发展历程,对其不同时期的创新特点及其始终如一的企业家精神进行归纳总结。

■ 课程思政的教学实施方案

案例分析与讨论法:引入案例"华商领袖黄世伟:道德领导力与家族基业长青",从三个方面讲述黄世伟先生的道德领导力,他带领企业从印尼走向世界舞台,向社会展现了其"大爱"和富有责任感的正能量。引导学生讨论道德领导力、企业社会责任等议题,激发学生思考道德领导力与基业长青的关系。

引入案例"任正非的华为之道:一个'硬汉'的企业哲学",以中国本土文化为基础发展的"家长式领导"作为理论基础,分析任正非的领导风格,旨在帮助学生更好地梳理概括家长式领导的三个维度(恩、威、德)的代表行为,了解领导者试图贯彻家长式领导的具体做法,并从企业绩效和员工满意度两个方面综合分析领导者行为的效果,客观地评价家长式领导作风。分析领导者及其企业所面临的主要挑战,并就这些问题对现行领导风格提出针对性的变革建议,以期达到解决问题、提高管理效率的目的。

引入案例"海纳百川:创新民主化驱动下海尔大规模定制管理模式"。海尔作为中国制造业的代表性企业之一,其管理模式始终是沿着用户主导这条主线,在不断适应时代发展变化的过程中得以创新演进的,即从市场链到人单合一,进化至今体现为创新生态国际化的大规模定制管理模式。以中国本土企业海尔为例,分析企业家精神与组织创新之间的关系。

第十一讲　组　织　文　化

■ 专业教学目标

1. 描述组织文化的共同特征。

2. 比较组织文化对员工和组织的积极影响与消极影响。

3. 指出创建和维系组织文化的因素。

4. 说明如何将组织文化传递给员工。

5. 阐述如何创建道德的组织文化。

6. 描述一种积极的组织文化。

7. 指出灵性文化的特点。

8. 说明民族文化如何影响组织文化向另一个国家传播的方式。

■ 思政元素分析与相关知识板块

1. 熟悉中国管理文化与思想。中国本土企业的发展离不开社会主义市场经济发展的背景。在此背景下,华为作为典型的制作型企业、高科技企业,它的发展体现了中国管理文化和思想,如艰苦奋斗、不屈不挠、奋不顾身、危机意识等。通过案例讨论,让学生熟悉优秀的价值观和文化要素在组织管理中的作用。

2. 具备管理伦理意识。组织文化研究强调创建道德的组织文化的重要性。组织文化的道德取向不会是中立的,即便它们没有公开追求道德目标。道德氛围反映了组织真实的价值观,并且影响着组织成员的道德决策。通过案例讨论,让学生理解有道德的组织文化不仅可以防止不道德行为,而且可能成为一种资产用以提升组织的运营状况。

■ 课程思政的教学实施方案

案例分析与讨论法:引入案例"华为企业文化的形成与演变"。该案例描述了华为公司的发展历史和企业文化演变过程,展示了企业文化的形成是一个从经验中学习的过程。以此引导学生思考企业文化到底是如何形成的,企业文化发展的动态机制是怎样的,创始人经历如何影响企业文化的形成和文化特性。

引入案例"小企业,大情怀:烽云物联的科技向善之路"。通过案例,引导学生思考有道德的企业文化与科技如何结合,"专注智慧农业技术、服务美丽乡村振兴"的企业目标如何为组织经营带来优势,创业企业、小微企业如何践行科技向善的文化。

第十二讲　组织变革与发展

■ 专业教学目标

1. 比较有计划的变革和无计划的变革。

2. 描述变革阻力的来源。

3. 比较四种主要的管理组织变革的方法。

4. 阐述两种创建变革文化的方式。

5. 找出潜在的压力来源。

6. 指出压力所导致的后果。

7. 比较个人和组织的压力管理方法。

■ 思政元素分析与相关知识板块

1. 关注中国的全球化。在中国企业迈向全球的过程中,实现对海外机构的跨文化整合对企业的发展意义重大。其中,如何进行组织变革以保持组织活力是重要的研究问题,通过关注典型企业的全球化实践来阐述建立有效变革文化的方式。

2. 具备科学管理精神。能否成功实施组织变革是组织基业能否长青的原因。说明组织变革如何克服阻力,阐释有计划的变革的变化过程,以及科学管理变革的步骤。

■ 课程思政的教学实施方案

文献研读与讨论法:通过带领学生研读 Kotter（2007）,理解科学变革管理的八步骤模型。

案例分析与讨论法:引入案例"求同存异:海尔的跨文化整合之旅"。该案例描述了作为中国企业的典型代表,海尔已经成长为全球家电行业的领军企业。海尔收购日本三洋后,派往日本的代表团队探索了一系列整合措施。通过此案例,引导学生思考中国企业在全球化战略中如何进行跨文化整合,以帮助被收购企业进行组织变革。

三、"组织行为学"课程思政元素总览表

表 8 - 2　　　　　　　　　　　"组织行为学"课程思政元素总览

课程章节	主要教学内容	主要课程思政元素	专业思政维度（一级指标）
第一讲 组织行为学概述	管理者在应用组织行为学的概念时面临的挑战和机遇	关注中国的全球化	共同体理念
	界定组织行为学	具有社会责任感	社会责任
第二讲 组织行为学的历史沿革和研究方法	了解组织行为学的历史沿革	具备科学管理精神	科学精神
	阐述询证管理	具备客观理性精神	科学精神
	理解组织行为学常用的研究方法	具有创新创造与企业家精神	科学精神
第三讲 工作态度、个体与组织的关系、工作行为	阐释工作满意度及其重要的影响因素	具有社会责任感	社会责任
	阐释个体与组织的关系的不同概念	熟悉中国管理文化和思想	家国情怀
第四讲 情绪和心境	了解情感事件理论	了解国际最佳实践	共同体理念
	了解情绪智力、情绪调节技术	具有科学管理精神	科学精神
第五讲 个体差异：能力、人格与价值观	了解人格的分类和测量	了解国际最佳实践	共同体理念
	了解国家文化价值观维度的分类	关注中国的全球化	共同体理念
	了解个体价值的分类和体系	具备管理伦理意识	社会责任
第六讲 知觉和个体决策	理解创造性决策的过程、评价标准、适用场景	具有创新创造与企业家精神	科学精神
	理解道德决策的不同标准	具备管理伦理意识	社会责任
第七讲 动机和激励概念	理解古典以及当代的动机理论体系	具有科学管理精神	科学精神

续表

课程章节	主要教学内容	主要课程思政元素	专业思政维度（一级指标）
第七讲 动机和激励概念	理解公平理论和组织公平框架	公平正义	法治精神
	阐释工作敬业和工作倦怠的差异	诚信敬业	法治精神
第八讲 动机与激励：从概念到应用	理解工作设计和目标管理	了解国际最佳实践	共同体理念
	说明在中国文化背景下的激励实践	熟悉中国管理文化和思想	家国情怀
第九讲 群体心理与行为	理解群体规范对群体行为的影响	诚信敬业	法治精神
第十讲 领导与沟通	理解道德型领导等新型领导力模型	具备管理伦理意识	社会责任
	理解家长式领导等本土文化下开发的领导力模型	熟悉中国管理文化与思想	家国情怀
	理解企业家精神，领导如何促进创造力和组织创新	具有创新创造与企业家精神	科学精神
第十一讲 组织文化	理解民族文化如何影响组织文化的建立和发展	熟悉中国管理文化与思想	家国情怀
	了解有道德的组织文化的价值	具备管理伦理意识	社会责任
第十二讲 组织变革与发展	了解企业全球化过程中的变革压力	关注中国的全球化	共同体理念
	理解科学的变革管理过程和原则	具备科学管理精神	科学精神

第九章 "创业管理"课程思政教学指南

一、"创业管理"课程的专业教学体系与课程思政教学目标

(一)"创业管理"课程简介

1. 课程主要内容

创业是推动国家经济发展和创造就业的主要力量。著名管理学者彼得·德鲁克在1985年提出的"创业型经济"是指以知识和创业家精神为核心生产要素,以创新为主要手段,以中小企业为微观经济基础,通过创业机制持续推动经济发展的经济形态。中国经济体系正逐步从以大企业为主的"管理型经济"向"创业型经济"转变,中小企业成为推动国民经济发展和吸收就业的重要力量。

"创业管理"课程内容具体涵盖四个模块,分别是决定成为创业者、开发成功的商业创意、将创意转化为新创企业和管理并使新企业成长。对于第一个模块,课程引导问题主要包括:什么是创业?创业是实践还是科学?谁是创业者?创业者是天生的还是后天形成的?第二个模块涉及的主要议题包括识别创业机会、产生创意、可行性分析、开发有效的商业模式、产业和竞争对手分析以及撰写商业计划书。第三个模块主要涉及组建新创企业团队和获得融资两个议题。第四个模块则涉及创业营销和企业成长战略等议题。

2. 专业教学目标

这门课程主要的专业教学目的是向学生系统地介绍有关创业实践背后的基本原理和规律,使学生对创业创意的产生、可行性分析、商业模式、团队组建、融资、创业企业成长等创业过程中的主要挑战所涉及的基本概念、工具和实践有比较系统的理解和掌握。此外,课程还侧重相关主题的学术研究前沿,加深学生对创业管理

相关科学理论的认识,提高学生的概念技能,为后续的课程学习和研究深造打基础。具体来说,在课程结束时,课程参与者应该能够熟悉创业想法及其商业化的创业过程,具备书写规范商业计划书的能力,识别本课程与其他工商管理课程(如战略管理和市场营销)的关联和不同,并熟悉创业管理研究的前沿。

3. 教材与课程特色

随着创业研究的逐渐成熟,创业管理研究的内涵已经从早先聚焦新创企业和中小企业的创业过程延伸到了在位企业(如大公司)和公共组织(如政府)乃至其他社会主体的创业活动。经过近40年的飞速发展,创业管理作为一门独立而且自成体系的学科已经逐渐被学界所接受。

从目前的研究成果来看,创业管理的理论体系和知识结构主要来自西方相对成熟的学科体系。我们选取的教材是机械工业出版社出版的《创业管理:成功创建新企业》(第五版),该教材具有以下特色:第一,聚焦机会识别、可行性分析以及商业模式开发;第二,具体工具与理论结合,如教材第三章提供了一个完成可行性分析的模板,这个模板可用于对商业创意进行可行性分析;第三,通过"错在哪里"特写专栏,解释那些表面很有希望的创业企业所犯的错误,让学生在关注成功故事的同时注意到一些失败企业;第四,每章结尾提供了两个名为"你若是位风险投资家"的特写专栏,为新涌现的真实创业项目募集资金提供路演。通过引发该项目是否应该得到融资的争论来激起课堂讨论,从而加深学生对知识点的理解。

虽然我们选用的教材有其特色和优点,但是也存在着一些不足。其中最为明显的是教材案例在内容上虽然具有一定的指导性,但都是源自国外的创业者和创业企业,学生们不熟悉。另外,在创业前沿方面,尤其是在数智时代的创业,中国很多创业实践已经领先于西方国家的发展实践,这也使得我们在教学的过程中必须增加中国元素,引入我国企业面临的现实环境和问题。

除此之外,作为专业必修课/选修课,我们期待学生通过学习"创业管理",不仅能够掌握与创意、创新、创业和创造相关的管理知识和技能,而且能够结合企业家精神和创业过程中的一些伦理问题进行探讨,获取积极正确的世界观、人生观,并通过补充中国企业家的创业实践和中国学者的研究来让学生感受到博大精深的中国管理思想,以激发学生的家国情怀。

(二)"创业管理"课程思政教学目标

经过几年的持续性投入,"创业管理"课程建设已经取得了一些成绩,也有了一定的积累,如教学资源、支撑性教辅材料和对多元化教学方式的探索,但是对思政教育教学领域的关注度还不够。课堂教学中的内容以西方管理思想和研究成果为主,教学方式也是围绕这些教学内容展开的。课程培养目标强调技能培养,如培养学生的经济管理知识、创新创业知识和工具、团队沟通协调、团队协作能力等。

在实现中华民族伟大复兴的历史机遇面前,在"大众创业,万众创新"的大环境下,这门课程需要进行一定的调整和完善,深入贯彻习近平总书记在全国教育大会上的讲话精神,大力推动文教结合、产教融合,努力培养创新创业人才,大力促进创新型国家建设。因此,在原有的技能培养教学目标的基础上,这门课程在融入思政内容后,教学目标还包括培养学生的社会责任感、关注国情和民生、具有共同发展理念、具有创新创造与企业家精神。

"创业管理"课程思政元素如表9-1所示。

表9-1　　　　　　　　　　　"创业管理"课程思政元素

一级指标	二级指标	指标内涵
社会责任	具备管理伦理意识	管理涉及伦理、道德和规范。掌握管理伦理的构成与内涵,了解当前社会管理伦理的新发展和新要求,结合实践,深刻理解管理伦理对于管理的重要性,激发和巩固学生的管理伦理意识
	具有社会责任感	掌握社会责任的构成与内涵,理解社会责任在经济社会发展过程中的重要作用,理解企业等经济组织通过承担社会责任所创造的社会价值以及对企业和社会的意义,使学生关注社会利益,勇于担当,具备社会责任感
	具有公民意识	充分理解公民作为国家主体和社会主体,时刻要以国家和民族利益为重,自觉维护国家荣誉、利益和安全,必须履行对国家和社会应尽的责任和义务,树立权利和义务不可分离的观念。明确企业也是公民,需要将社会基本价值与日常商业决策和实践相结合,使学生具备全面的公民意识

一级指标	二级指标	指 标 内 涵
家国情怀	关注国情与民生	爱国情感内化于心,外化于行。热爱祖国,关注国家发展的历史、现状与未来。了解在国家谋求发展和人民追求幸福的过程中面临的重大挑战和机遇,并运用专业知识进行分析和思考,学以致用,为实现中华民族伟大复兴而奋斗
共同体理念	具有共同发展理念	共同发展理念包括人与自然生命共同体、中华民族共同体以及人类命运共同体。深刻理解要构建人与自然命运相连、和谐共生、协调发展的新格局。充分认知中华民族共同体是一个历史共同体、命运共同体、发展共同体和未来共同体,要形成多民族、多地域守望相助的中华民族大家庭。深入体会要高举和平、发展、合作、共赢旗帜,积极营造良好外部环境,推动构建新型国际关系和人类命运共同体
	了解国际最佳实践	具备国际视野,放眼全球,了解全球最佳企业管理实践。植根中国,思考国际经验如何与中国管理实际相结合,思考如何与国际企业实现竞争与合作。以开放的心态和包容的理念,学习和传播最佳管理实践,推动管理水平和管理能力的提升与发展
科学精神	具备客观理性精神	理解管理学科的基本规律和客观真理,认识人与人、人与物、物与物、组织与组织、组织与个体等管理中主要关联关系的互动规律与模式,以客观和辩证的理念思考和理解管理理论与管理实践
	具有创新创造与企业家精神	勇于探索、勇于创新,在学习和实践过程中敢于迎接挑战,提出创新的思想,尝试创新的解决方案。敢于批评,勇于反思,以求真的精神开拓理论与实践。具有企业家精神,勇于承担风险、突破创新,推动国家与社会发展
法治精神	合法合规	具有法治意识,能辨识和理解专业知识领域的法律法规问题,并以合法合规为底线,认识和运用专业知识。充分理解合法合规对于企业生存发展、经营管理的关键意义

二、"创业管理"各章节课程思政教学指南

第一讲　创 业 入 门

■ 专业教学目标

1. 描述创业和创业企业的特点。

2. 了解成为创业者的三个主要原因。

3. 识别成功创业者的四个主要特征。

4. 讨论创业的积极影响,以及创业与个体、在位企业和社会的关联。

5. 比较创业思维与管理思维的差异。

■ 思政元素分析与相关知识板块

理解创业作为一种现象,不仅关乎个人的职业选择,而且是与推动国家经济发展、提高国家竞争力和解决劳动力就业息息相关的一种行为,从而唤醒学生的公民意识。此外,与传统的管理思维相比较,创业管理强调和鼓励学生对未知的勇敢探索,在学习和实践过程中敢于承担风险、勇于试错、尝试创新的解决方案。

■ 课程思政的教学实施方案

案例教学:小组讨论,回顾柯达公司在 20 世纪中后期的发展历史,引导学生关注创新创业对在位企业运营的影响。

教学游戏:通过参与设计房子和拼图游戏来体验创业思维与管理思维之间的差异。

第二讲　识别创业机会、产生创意

■ 专业教学目标

1. 解释机会与创意之间的区别。

2. 描述创业者用来识别机会的三种主要途径。

3. 讨论有助于增强创业者商业机会识别能力的个性特征。

4. 识别并描述创业者用来产生创意的方法。

■ 思政元素分析和相关知识板块

理解机会的来源和识别方法,学会通过对社会的观察来识别创业机会并解决社会问题。了解国家和人民追求幸福的过程中面临的挑战和机遇。

■ 课程思政的教学实施方案

小组练习:以小组的形式让学生练习使用"用户画像""用户旅程""头脑风暴"等一系列产生创意的工具。现场练习、展示和讨论的方式可以加深学生对相关工具的掌握。

第三讲　可行性分析和开发商业模式设计

■ 专业教学目标

1. 解释可行性分析的含义及其重要性。

2. 描述产品/服务可行性分析、产业/市场可行性分析、组织可行性分析、财务可行性分析的目的,记忆各环节需要思考的具体问题。

3. 描述商业模式并讨论其重要性。

4. 解释商业模式画布的构成。

■ 思政元素分析和相关知识板块

创业是实践,也是科学,需要理解创业机会的基本规律,认识创业过程中机会、创业者、资源和市场的互动规律与模式,以客观和辩证的理念思考和理解创业实践。另外,通过对商业模式画布概念的介绍和一个社会创业案例,让学生在理解创业过程中的系统观、共同发展理念的同时,能够理解创业企业承担社会责任所创造的社会价值以及对个体、家庭和社会的意义。

■ 课程思政的教学实施方案

案例教学:以小组讨论的方式分析"喜憨儿"初创过程的艰辛,理解其背后商业模式的逻辑,使得学生平时能够更多关注民营企业,关注社会利益,勇于担当,具备社会责任感。

第四讲　产业和竞争对手分析创业计划

■ 专业教学目标

1. 阐释产业分析的目的。

2. 理解决定产业盈利性的五力模型。

3. 阐述创业企业通过成功使用五力模型而创造的价值。

4. 解释竞争对手分析和竞争分析方格。

5. 解释商业计划的目的。

6. 讨论撰写一份有效商业计划书应遵循的指南。

7. 识别并描述一份商业计划书的框架结构。

8. 解释如何把商业计划呈现给潜在投资者。

■ 思政元素分析和相关知识板块

要有问题意识,勇于探索,在实践中发现问题和提出问题。要以求真的精神去开拓理论和实践。对实践经验进行理论概括和总结,用实践来检验理论。

■ 课程思政的教学实施方案

小组练习:以小组讨论的方式在一个看似不适合创业者进入的行业,利用竞争分析方格这个工具,识别可能的竞争定位空间。

第五讲 构建合理的伦理和法律基础、知识产权管理

■ 专业教学目标

1. 讨论创始人在创业企业中建立强大伦理文化时可以采取的行动。

2. 描述新创企业在有效处理法律问题时采取的行动。

3. 识别并描述新创企业可以采用的不同组织形式。

4. 解释什么是专利并描述不同类型的专利。

5. 描述并理解引起初创企业陷入知识产权纠纷的一般原因。

6. 解释什么是知识产权审计并识别新创企业应该完成这类审计的两个主要原因。

■ 思政元素分析和相关知识板块

通过介绍管理伦理的构成和内涵,结合具体案例,让学生深刻理解管理伦理对创业的重要性。

■ 课程思政的教学实施方案

案例教学:在简要介绍 Theranos 公司创业历程的基础上,针对其中的几个"道德困境"决策场景,让学生代入角色探讨不同选择所涉及的管理伦理道德问题。

第六讲 组建新创企业团队

■ 专业教学目标

1. 解释"新进入缺陷"的含义。

2. 描述新创企业团队并讨论其基本构成。

3. 识别专业顾问并解释他们在新创企业中的角色。

4. 解释新创企业为什么要利用咨询师获取建议。

■ 思政元素分析和相关知识板块

生活中处处离不开合作,小到一个小组,大到整个社会,都可以视为合作共赢的团队。培养学生的团队合作意识,使学生学会运用所学知识搭建和谐高效的团队。

■ 课程思政的教学实施方案

案例教学:针对"深圳信安智能:科创企业的窘境"案例,让学生深入体会团队合作的重要性,并探讨如何通过构建良好的团队合作环境来打造一个理想的创业团队。

第七讲　获　得　融　资

■ 专业教学目标

1. 描述融资对创业成功的重要性。

2. 解释为什么大多数新创企业需要在早期发展阶段筹集资本。

3. 识别创业者拥有的三种个人融资来源。

4. 识别为债务融资或权益融资做准备工作所涉及的三个步骤。

5. 解释创业企业拥有的三种最重要的权益融资来源。

6. 描述创业企业用来进行债务融资的常见来源。

7. 描述创业企业可以选择使用的几个创新性融资来源。

■ 思政元素分析和相关知识板块

融资是一个偏实践导向的话题,在创业研究领域也是一个重要的科学研究话题。本讲内容在讲述相关知识点的同时,通过融入一些新近科学研究来培养学生的科学管理精神,使学生学习并掌握相关的科学理论和工具。

■ 课程思政的教学实施方案

研究探讨:针对创业者向风险投资者陈述商业计划书来获得融资的情景,与学生探讨"创业激情"可能呈现的形式及其在风险投资人决策中的作用。

第八讲　特殊的营销问题

■ 专业教学目标

1. 解释新创企业用于识别顾客的三个步骤(市场细分、选择目标市场和建立独特定位)。

2. 定义品牌并解释为什么品牌对新创企业的营销工作很重要。

3. 识别营销组合的 4 个组成部分(产品、价格、促销和渠道)。

4. 描述新创企业用于识别顾客和完成销售的七步销售流程。

■ 思政元素分析和相关知识板块

随着全球化的发展,国际化不再是大企业的"专利",天生国际化的创业企业越来越多,所以创业不只是与本土企业竞争。在创业营销环节,需要具备国际视野,了解全球最佳营销实践,辅助企业进入国际市场,参与国际市场的竞争和合作。

■ 课程思政的教学实施方案

教学案例:在回顾一加公司(One Plus)初始创业的成功历程后,探讨其国际市场的成功因素,在此基础上探讨其跨越鸿沟进入主流市场的营销策略。

第九讲 评估成长面临的挑战和成长战略

■ 专业教学目标

1. 描述企业如何才能为成长做恰当的准备。

2. 阐释企业追求成长的六个常见的原因。

3. 解释驾驭企业成长不同阶段的重要性。

4. 描述企业成长的挑战,尤其是关于逆向选择和道德风险的挑战。

5. 识别并讨论新创企业的核心内部成长战略。

6. 讨论不同类型的外部成长战略。

■ 思政元素分析和相关知识板块

企业处在发展与变化过程中,不同的发展阶段,创业者所面临的主要挑战会发生变化,不能墨守成规,要懂得用发展的眼光看问题。了解企业创建和成长的相关理论,学会利用成长管理工具来规划和管理企业成长。

■ 课程思政的教学实施方案

游戏教学:让学生玩多轮叠杯子游戏,随着时间的推进,增加游戏难度,将单人游戏调整为多人游戏,让学生在游戏中体会,虽然是同样的任务,但是随着难度的变化,以及完成任务方式的变化,个人需要不断地调整游戏方法。

第十讲　创业生态系统(附加)

■ 专业教学目标

1. 了解国家创新体系思想的起源和演化。

2. 讨论硅谷的发展动因。

3. 探讨"大众创业,万众创新"的国家战略。

■ 思政元素分析和相关知识板块

创新创业不仅是个体层面和企业层面的议题,而且是国家层面的议题。这一讲主要通过了解中外创新创业历程,增进对创新创业重要性的理解,激发学生对"大众创业,万众创新"国家战略的热情。

■ 课程思政的教学实施方案

视频教学:在播放节选的《大国崛起——帝国春秋》纪录片(约30分钟)后,引导学生讨论德国崛起的原因和李斯特政治经济学的国民体系的一些核心思想,然后联系当前我国"大众创业,万众创新"的国家战略。

三、"创业管理"课程思政元素总览表

表 9-2　　　　　　　　　"创业管理"课程思政元素总览

课程章节	主要教学内容	主要课程思政元素	专业思政维度 (一级指标)
第一讲 创业入门	什么是创业以及创业企业的特点。成为创业者的三个主要原因。成功创业者的四个主要特征。创业的积极影响,以及与个体、在位企业和社会的关联。创业思维与管理思维的差异	理解创业作为一种现象不仅关乎个人的职业选择,而且是与推动国家经济发展、提高国家竞争力和解决劳动力就业息息相关的一种行为,从而唤醒学生的公民意识。与传统的管理思维相比,创业管理强调和鼓励学生对未知的勇敢探索,在学习和实践过程中敢于承担风险、勇于试错、尝试创新的解决方案	科学精神 家国情怀

课程章节	主要教学内容	主要课程思政元素	专业思政维度（一级指标）
第二讲 识别创业机会、产生创意	解释机会和创意之间的区别。描述创业者用来识别机会的三种主要途径。讨论有助于提升创业者商业机会识别能力的个性特征。识别并描述创业者用来产生创意的方法	理解机会的来源和识别方法，学会通过对社会的观察来识别创业机会并解决社会问题。了解国家和人民追求幸福的过程中面临的挑战和机遇	社会责任 科学精神
第三讲 可行性分析和开发商业模式设计	解释可行性分析的含义及其重要性。描述产品/服务可行性分析、产业/市场可行性分析、组织可行性分析、财务可行性分析的目的，记忆各环节需要思考的具体问题。描述商业模式并讨论其重要性。解释商业模式画布的构成	创业是实践，也是科学，需要理解创业机会的基本规律，认识创业过程中机会、创业者、资源和市场的互动规律与模式，以客观和辩证的理念思考和理解创业实践。通过对商业模式画布概念的介绍和一个社会创业案例，让学生理解创业过程中的系统观、共同发展理念的同时，能够理解创业企业承担社会责任所创造的社会价值以及对个体、家庭和社会的意义	社会责任 科学精神
第四讲 产业和竞争对手分析创业计划	阐释产业分析的目的。理解决定产业盈利性的五力模型。阐述创业企业通过成功使用五力模型而创造的价值。解释竞争对手分析和竞争分析方格。解释商业计划的目的。讨论撰写一份有效商业计划书应遵循的指南。识别并描述一份商业计划书的框架结构。解释如何把商业计划呈现给潜在投资者	要有问题意识，勇于探索，在实践中发现问题和提出问题。要以求真的精神去开拓理论和实践。对实践经验进行理论概括和总结，用实践来检验理论	科学精神 家国情怀

课程章节	主要教学内容	主要课程思政元素	专业思政维度（一级指标）
第五讲 构建合理的伦理和法律基础、知识产权管理	讨论创始人在创业企业中建立强大伦理文化时可以采取的行动。描述新创企业在有效处理法律问题时采取的行动。识别并描述新创企业可以采用的不同组织形式。解释什么是专利并描述不同类型的专利。描述并理解引起初创企业陷入知识产权纠纷的一般原因。解释什么是知识产权审计并识别新创企业应该完成这类审计的两个主要原因	通过介绍管理伦理的构成和内涵，结合具体案例，让学生深刻理解管理伦理对创业的重要性	社会责任 法治精神
第六讲 组建新创企业团队	解释"新进入缺陷"的含义。描述新创企业团队并讨论其基本构成。识别专业顾问并解释他们在新创企业中的角色。解释新创企业为什么要利用咨询师获取建议	培养学生的团队合作意识，使学生学会运用所学知识搭建和谐高效的团队	共同体理念
第七讲 获得融资	描述融资对于创业成功的重要性。解释为什么大多数新创企业需要在早期发展阶段筹集资本。识别创业者拥有的三种个人融资来源。识别为债务融资或权益融资做准备工作所涉及的三个步骤。解释创业企业拥有的三种最重要的权益融资来源。描述创业企业用来进行债务融资的常见来源。描述创业企业可以选择使用的几个创新性融资来源	在讲述相关知识点的同时，融入一些新近科学研究，以培养学生的科学管理精神，使学生学习并掌握相关的科学理论和工具	科学精神

课程章节	主要教学内容	主要课程思政元素	专业思政维度（一级指标）
第八讲 特殊的营销问题	解释新创企业用于识别顾客的三个步骤(市场细分、选择目标市场和建立独特定位)。定义品牌,并解释为什么品牌对新创企业的营销工作很重要。识别营销组合的四个组成部分(产品、价格、促销和渠道)。描述新创企业用于识别顾客和完成销售的七步销售流程	在创业营销环节,需要具备国际视野,了解全球最佳营销实践,辅助企业进入国际市场,参与国际市场的竞争和合作	共同体理念
第九讲 评估成长面临的挑战和成长战略	描述企业如何才能为成长做恰当的准备。阐释企业追求成长的六个常见的原因。解释驾驭企业成长不同阶段的重要性。描述企业成长的挑战,尤其是关于逆向选择和道德风险的挑战。识别并讨论新创企业的核心内部成长战略。讨论不同类型的外部成长战略	不同的发展阶段,创业者所面临的主要挑战会发生变化,不能墨守成规,要懂得用发展的眼光看问题。了解企业创建和成长的相关理论,学会利用成长管理工具来规划和管理企业成长	科学精神
第十讲 创业生态系统(附加)	了解国家创新体系思想的起源和演化。讨论硅谷的发展动因。探讨"大众创业,万众创新"的国家战略	通过了解中外创新创业历程,增进对创新创业重要性的理解,激发学生对"大众创业,万众创新"国家战略的热情	社会责任 家国情怀

第十章 "商务分析基础"课程思政教学指南

一、"商务分析基础"课程的专业教学体系与课程思政教学目标

(一)"商务分析基础"课程简介

1. 课程主要内容

商务分析是指基于数据,利用信息技术、统计量化方法、计算机模型等工具,帮助经理人获得更好的业务洞见,并指导他们作出更好的基于事实的业务决策的过程。随着企业组织中海量数据的出现,人们意识到数据可以创造巨大的价值。因此,工业界对商务分析的人才需求增加。国内外众多高校开设了商务分析专业。

"商务分析基础"是商学院大一新生的必修课,作为入门课程向学生介绍商务分析的基本方法和应用场景。根据商务分析的定义,该课程应重点教授数据分析的方法,以及从数据分析到业务洞见和业务决策的连接,即应用。

商务分析由 IBM 公司第一次提出,根据研究目的,分为描述性分析、预测性分析和决策性分析三大模块。由于课程体量和授课对象的先修知识限制,"商务分析基础"只包括其中的两大模块:描述性分析和预测性分析。描述性分析包括数据可视化、描述性统计指标、概率分布、抽样和估计、统计推断五个子模块。预测性分析包括基于时间序列的预测和基于特征的预测两个子模块。

2. 专业教学目标

本课程的教学目标是培养学生具有熟练运用数据科学和统计方法于实际商业问题分析的综合能力。具体而言,通过本课程的学习,学生应当理解数据相关概念,掌握数据可视化、计算描述性统计指标两种描述性分析方法,掌握抽样估计和

统计推断的方法,掌握基于时间序列和基于特征两种预测分析方法,根据具体研究问题,应用所学方法进行研究设计、数据收集和分析。

3. 教材与课程特色

"商务分析基础"课程较新,在国内尚没有较好的教材,课程讲授以教师的课件为主要学习材料。此外,有两本书可用于辅助学生学习本课程。

第一本为 Evans 所著的 *Business Analytics: Methods, Models, and Decisions*。这本书按照商务分析三大模块来组织内容,覆盖全面;每个知识点辅以多个案例,并提供数据集、习题供学生操练。其不足之处在于知识点多,但不够深入;案例都是国外背景;软件操作需要购买微软的电子数据表格付费插件,并且该书在国内没有影印版。

第二本为安德森等所著的《商务与经济统计》,该书已在国内翻译出版。该书知识体系较完整,分析较深入。不足之处:一是案例都是国外企业;二是没有提供大量软件操作方法以供学生练习;三是从统计方法的角度出发而没有从商务分析的角度出发对不同方法进行筛选。

针对参考用书中的一些不足,教师们将根据"商务分析基础"的授课讲义编写《商务分析基础》教材。该教材和课程具有以下特色:

(1)不求全。根据商务分析的应用场景对多种统计量化方法进行筛选,作为课程和教材中教授的重点。

(2)重理解。对每个知识点有一定的深入,教授学生方法的思想、必要的数据证明等,使学生理解每种方法的原理。

(3)重应用。对每种方法都提供多个具体实例,供学生操练,以了解方法的应用。提供方法的详细软件实现方法。

(4)中国化。课程和教材的大部分实例采用中国背景的企业或组织的数据作为分析对象。

(二)"商务分析基础"课程思政特征分析与教学目标

1. "商务分析基础"课程思政特征分析

"商务分析基础"课程的核心内容:一为介绍数据分析的方法。作为一门偏重方法的基础类课程,本课程的课程思政首先包含了对学生科学思维的训练,使学生掌握基于数据做推断和决策的能力。很多现代的数据分析方法和思想在中国的史书中已有记载,对这部分内容的介绍将增强学生对中国文化与思想的了解。二是利用丰富的案例使学生掌握从数据获得商务洞见的方法。在这部分,本课程将使用较多中国情境,启发学生了解中国国情,拥有家国情怀。特别是用多个案例使学生了解国内发展的不平衡,与学生探讨多种促进共同富裕的措施的综合影响。

2."商务分析基础"课程思政教学目标

表 10 - 1   "商务分析基础"课程思政元素与知识点的关联

一级指标	二级指标	与本课程知识点的关联
家国情怀	关注国情与民生	在商务分析知识点应用中,大量使用中国背景的案例和数据,启发学生用数据了解中国,为国家做贡献的第一步是关注并了解自己的国家
	熟悉中国管理文化与思想	一些现代数据分析方法的思想在中国古代的一些著作中已有体现。通过对这些思想的介绍,增强学生对中国传统文化的理解,进而增强文化自信。通过调研获取数据、基于数据做决策是我党优良传统——实事求是的体现,是优秀的革命文化
科学精神	具有科学管理精神	通过对数据分析方法的教授,使学生具备严谨的逻辑思维、数据验证思维和探索求真意识
	具备客观理性精神	统计推断的过程中获得的结论可能是错误的,其中对第一类错误和第二类错误的综合考量体现了客观和辩证的理念
共同体理念	具有共同发展理念	描述性商务分析中以居民收入为例,展现了中国经济发展的不平衡,与学生讨论切实推动共同富裕的必要性和各种措施,使学生充分认识到中华民族共同体是一个历史共同体、命运共同体、发展共同体和未来共同体,要形成多民族、多地域守望相助的中华民族大家庭

一级指标	二级指标	与本课程知识点的关联
法治精神	合法合规	统计推断的核心思想是利用样本数据的信息对总体的真实特征作出推断。这与刑事案件中对嫌疑人先进行无罪推定,之后利用证据作出推断的思想一致。在这部分内容中,会介绍新中国成立以来我国的法治进步,即如何通过先进的技术和规范的程序来降低冤假错案发生的概率,使学生具有法治精神,更好地理解我国依法治国的基本国策

二、"商务分析基础"各章节课程思政教学指南

第一讲　商务分析简介

■ 专业教学目标

1. 理解商务分析应当包括"对数据的分析"和"从数据到业务的连接"两块核心内容。

2. 了解商务分析的发展历史,商务分析的不同类型和分类标准。

3. 掌握企业进行商务分析的一般步骤和实施中可能遇到的困难。

■ 思政元素分析与相关知识板块

本章体现的思政元素:家国情怀——关注国情与民生,科学精神——具有科学管理精神。相关知识板块为商务分析的定义、应用场景、基本步骤和实施难点。

■ 课程思政的教学实施方案

课程思政的教学实例一:"十四五"规划对"数据"的论述。

"数据"一词在"十四五"规划中出现了 53 次。规划第五篇"加快数字化发展,建设数字中国"中开篇提到迎接数字时代,激活数据要素潜能,推进网络强国建设,加快建设数字经济、数字社会、数字政府,以数字化转型整体驱动生产方式、生活方式和治理方式变革。启发学生了解国家的中长期规划,知道商务分析专业知识对国家战略规划的意义,激励学生基于国家战略需要来做自己的职业规划。

课程思政教学实例二：中国企业的商务分析。

以一家中国企业为例，介绍其在日常运营中是如何基于数据来进行客户分类、房间定价等决策。在这个过程中使学生了解商务分析的基本实施步骤、实施难点。另外，请学生讨论这些分析分别属于商务分析中的哪个步骤，让学生了解中国企业如何用数据赋能企业转型、实施科学决策，强调科学技术是第一生产力。

第二讲　数　　据

■ 专业教学目标

1. 掌握与数据相关的重要概念。

2. 掌握数据的四种测量尺度及其相互之间的关系，进一步了解什么是分类型数据，什么是数量型数据。

3. 了解获取数据的方法，掌握一手数据和二手数据的区别。

4. 掌握探索性数据收集、描述性数据收集（问卷调研）、因果性数据收集的常见管理问题和常用方法。

5. 掌握常见的经济数据库。

■ 思政元素分析与相关知识板块

本章体现的思政元素：家国情怀——关注国情与民生，家国情怀——熟悉中国管理文化与思想，科学精神——具有科学管理精神。相关的知识板块为一手数据收集和二手数据收集。

■ 课程思政的教学实施方案

课程思政的教学实例一：没有调查就没有发言权。

调查研究是中国共产党开展工作的重要方法。毛泽东在《反对本本主义》中提到"没有调查，就没有发言权"，认为一切工作的开展都离不开调查研究。以《湖南农民运动考察报告》为例，该调查用到了多种课程中介绍的一手数据收集方法，从而加强学生对中国优秀革命文化的认同感。

课程思政的教学实例二：上海财经大学的"千村调查"。

"走千村，访万户，读中国"，"千村调查"项目是以"三农"问题为研究对象的大型社会实践和社会调查研究项目，旨在通过专业的社会调查获得我国"三农"问题的数据资料,形成调查研究报告和决策咨询报告,供国家相关部门决策参考。"千村调查"项目也是国家教育体制改革试点项目之一"财经创新人才培养模式"项目的重要内容,是集社会实践、专业学习、科学研究、创新能力培养为一体的人才培养模式探索。"千村调查"收集数据的方法是问卷调研,通过向学生介绍该项目,激发学生的爱国爱校之情,并引导学生用实际行动关注国情。

第三讲　数 据 可 视 化

■ 专业教学目标

1. 了解将数据用可视化的方式呈现和用表格方式呈现的优点。

2. 对分类型数据,掌握柱状图和饼图的展示方式和各自的优劣,并熟练使用Excel 中的数据透视表和数据透视图功能。

3. 对数量型数据,掌握直方图的绘制。

4. 掌握折线图、散点图的绘制,以及在数据透视表中迅速制作交叉分组表并分析。

■ 思政元素分析与相关知识板块

本章体现的思政元素:家国情怀——关注国情与民生,科学精神——具有科学管理精神。相关的知识板块为数据柱状图、饼图、折线图和交叉分组表。

■ 课程思政的教学实施方案

课程思政的教学实例一:宏观经济数据。

在本章的练习中,需要使用大量数据实例。教师将引导学生如何通过图书馆数据库查找宏观经济相关数据。之后,以各地区的经济人口数据为例绘制柱状图、饼图、折线图来引导学生理解中国经济发展快速和不平衡的现状。

课程思政的教学实例二:管理中的辛普森悖论。

辛普森悖论描述了在应用交叉分组表时基于汇总数据和非汇总数据可能得出相反的结论这一事实。在组织管理中,评价员工的绩效时,也会使用交叉分组表,基于是否汇总过的数据,对员工的评价可能是完全相反的。因此,在管理中使用汇总数据时,应警惕影响结果的隐藏变量。通过这个实例来启发学生的科学管理精神。

第四讲 描述性统计指标

■ 专业教学目标

1. 掌握呈现数据中心位置的算术平均值、几何平均值、中位数、众数和各自的适用场景。

2. 掌握呈现数据变异程度的极差、四分位差、方差、标准差的计算方式。

3. 掌握标准化数据的方法,了解车贝晓夫定律和经验法则,会检验异常值。

4. 了解偏差的正负、大小的含义,偏差与平均值、中位数的关系。

5. 掌握呈现多变量相关性的协方差和相关系数的计算。

■ 思政元素分析与相关知识板块

本章体现的思政元素:家国情怀——关注国情与民生,共同体理念——具有共同发展理念,科学精神——具有科学管理精神。相关的知识板块为以下描述性统计指标:算术平均值、中位数、偏度、比例。

■ 课程思政的教学实施方案

课程思政的教学实例一:居民收入的平均值、中位数和偏度。

在数据中心位置统计指标中,最重要的为平均值和中位数。教师将用中国近十年居民收入的平均值和中位数的变化向学生展示人民生活水平的提升,增强学生的家国自豪感和认同感;同时,向学生展示平均值和中位数的大小关系,并让学生回答原因、推测偏度的正负、得出结论——当前收入分配上存在贫富差距较大的现实。向学生介绍基尼系数这一衡量贫富差距的经济指标。在此基础上,向学生介绍最近出台的一系列切实促进共同富裕的政策,并请学生讨论这些政策会有哪些影响等。让学生站在决策者的角度了解每一种政策工具的利弊。

课程思政的教学实例二:线上问卷调研网站 Prolific 的用户构成变化。

一个年轻女孩在社交媒体上的介绍导致一群女性用户涌入线上问卷调研网站 Prolific 填写问卷,使该网站女性用户的比例从 50% 上升到 75%,平均年龄下降到 21 岁。大量使用该平台做线上调查的研究团队没有意识到这个问题,受影响的学术研究大概有四五千项。在数据分析中,无论是进行哪种类型的分析,进行描述性分析都是第一步。通过该实例,启发学生遵守科学研究的规律、周到细致。

第五讲　概　率　分　布

■ 专业教学目标

1. 掌握与概率相关的基本概念：概率的三种定义、事件、事件的补集、事件的联合、互斥事件、独立事件、条件概率、概率的乘法定理。

2. 掌握随机变量、概率分布、概率质量（密度）函数、累积分布函数的定义，随机变量期望与方差的计算和含义。

3. 掌握伯努利分布、二项分布和泊松分布。

4. 掌握均匀分布、正态分布和指数分布。

■ 思政元素分析与相关知识板块

本章体现的思政元素：家国情怀——关注国情与民生，共同体理念——具有共同发展理念。相关的知识板块为均匀分布、正态分布、随机变量的方差。

■ 课程思政的教学实施方案

课程思政的教学实例一：体现共同富裕的收入分布。

习近平总书记于 2021 年 8 月 17 日主持召开中央财经委员会第十次会议，研究扎实促进共同富裕问题。会议中提到共同富裕不是整齐划一的平均主义，要扩大中等收入群体比重，增加低收入群体收入，合理调节高收入，取缔非法收入，形成"中间大、两头小"的橄榄型分配结构。引导学生思考哪一种收入分布的形状是符合"共同富裕"目标的。

课程思政的教学实例二：防范化解金融风险。

习近平总书记在 2019 年指出，防范化解金融风险特别是防止发生系统性金融风险，是金融工作的根本性任务。在课程内容中，随机变量的风险用方差来衡量。引导学生讨论方差这一指标在金融风险衡量中不合适的地方，进一步介绍衡量金融风险的一些指标手段，使学生理解深化金融体制改革、健全金融监管体系的重要性。

第六讲　抽　样　和　估　计

■ 专业教学目标

1. 掌握主观抽样中的判断抽样法、便利抽样法和概率抽样中的简单随机抽样。

2. 了解系统抽样、分层抽样、整群抽样、连续生产过程抽样。

3. 掌握无偏估计和抽样误差两个重要的概念,并且知道抽样误差由标准误衡量,其随着样本量的增加而降低。

4. 理解中心极限定理,并基于中心极限定理对样本均值的范围作出合理推断。

5. 理解并掌握置信区间、置信水平的含义,掌握总体均值的区间估计、总体比例的区间估计,会根据区间估计进行推断。

6. 根据估计精确计算样本容量。

■ 思政元素分析与相关知识板块

本章体现的思政元素:科学精神——具有科学管理精神。相关的知识板块为抽样方法。

■ 课程思政的教学实施方案

课程思政的教学实例:"千村调查"中的抽样。

在介绍不同的抽样方法时,教师将向学生介绍"千村调查"项目,并就某一年的主题请学生讨论:怎样的抽样方式更合适?在实践操作中,怎样实现这种抽样方式?通过这样的讨论,使学生理解做调查研究的重要性和科学开展调查研究的要点,提醒学生在解读数据时一定要思考获得数据的抽样方式。

第七讲　统　计　推　断

■ 专业教学目标

1. 了解统计推断的要义是根据样本信息推断总体结论,实现的方法是假设检验。

2. 掌握假设检验中的原假设和备择假设的设定,掌握假设检验的基本步骤。

3. 理解假设检验的风险:第一类错误、第二类错误、显著性水平。

4. 掌握两种类型的检验方法——总体均值的检验和总体比例的检验,会根据样本数据计算检验统计量,会依据检验类型(单边检验、双边检验)计算拒绝区域,并得出结论。

5. 理解并掌握 p 值的含义和计算方法,掌握用 p 值进行假设检验的方法。

■ 思政元素分析与相关知识板块

本章体现的思政元素:法治精神——合法合规,科学精神——具备客观理性精神。相关的知识板块为假设检验、第一类错误、第二类错误、检验统计量、显著性水平、p 值。

■ 课程思政的教学实施方案

课程思政的教学实例:法治中的统计推断。

2020 年 11 月 16 日,习近平总书记在中央全面依法治国工作会议上发表重要讲话,明确了习近平法治思想在全面依法治国工作中的指导地位,这在中国特色社会主义法治建设进程中具有重大政治意义、理论意义、实践意义。依法治国是我国的基本国策,在刑事案件中,随着法治的进步,冤假错案的发性率逐步降低。在假设检验中,第一类错误和第二类错误可以非常好地匹配刑事案件中把罪犯错放和把无辜的人作为罪犯逮捕两种情况。在对这几个知识点的探讨中,教师将向学生介绍在我国的法治系统中公安、检查、法院承担的职能,程序上如何保障第一类错误和第二类错误的降低,加深学生对依法治国、公平正义的实现方式的理解。

第八讲 预 测 方 法

■ 专业教学目标

1. 掌握两大类预测方法:基于时间序列的预测方法和基于特征的预测方法,即回归分析。

2. 掌握移动平均法和指数平滑法的思想和计算,掌握衡量预测准确程度的几大指标。

3. 掌握一元回归、多元回归中参数估计的最小二乘法、R 方的含义。

4. 能在 Excel 数据分析模块中实现多种预测方法,比较不同预测方法的优劣,解读回归分析的结果。

■ 思政元素分析与相关知识板块

本章体现的思政元素:家国情怀——熟悉中国管理文化与思想。相关的知识板块为基于时间序列的预测方法、有季节性的时间序列。

■ 课程思政的教学实施方案

课程思政的教学实例一:《史记》中基于时间序列的预测。

时间序列的预测思想即根据历史数据提炼出事物发展的规律并利用其对未来进行预测,这种思想在中国古代早已存在。《史记·货殖列传》中记载了计然的时间序列预测思想。教师在介绍这种方法时会提到这种预测思想在典籍中的体现,增强学生对传统文化典籍的了解,并增强学生的文化自信。

课程思政的教学实例二:《孙子兵法》中基于特征的预测。

《孙子兵法·始计篇》把战争胜负这一因变量的决定要素归结为政治、天时、地势、将领、制度五个自变量,这是基于特征预测的思想,并且这五个自变量的相关性很低。以此为例,向学生介绍变量相关性强的后果。通过这一案例,使学生了解中国文化博大精深的思想。

三、“商务分析基础”课程思政元素总览表

表 10-2　　　　　　　　“商务分析基础”课程思政元素总览

课程章节	主要教学内容	主要课程思政元素	专业思政维度（一级指标）
第一讲 商务分析简介	商务分析的定义和应用	关注国情与民生	家国情怀
	商务分析的步骤	具有科学管理精神	科学精神
	商务分析的类型	具有科学管理精神	科学精神
第二讲 数据	数据相关概念	关注国情与民生	家国情怀
	数据测量尺度	具有科学管理精神	科学精神
	数据收集	熟悉中国管理文化与思想	家国情怀
第三讲 数据可视化	单变量数据可视化	关注国情与民生	家国情怀
	数据透视表和数据透视图	关注国情与民生	家国情怀
	变量相关性可视化	具有科学管理精神	科学精神

课程章节	主要教学内容	主要课程思政元素	专业思政维度（一级指标）
第四讲 描述性统计指标	数据中心位置统计指标	具有科学管理精神	科学精神
	数据分布形态统计指标	具有共同发展理念	共同体理念
	数据相关性统计指标	关注国情与民生	家国情怀
第五讲 概率分布	概率的定义与性质	关注国情与民生	家国情怀
	随机变量	关注国情与民生	家国情怀
	常见分布	具有共同发展理念	共同体理念
第六讲 抽样和估计	抽样方法	具有科学管理精神	科学精神
	点估计	具有科学管理精神	科学精神
	区间估计	具有科学管理精神	科学精神
第七讲 统计推断	假设检验的相关概念	合法合规	法治精神
	假设检验的实施步骤	合法合规	法治精神
	p值	具备客观理性精神	科学精神
第八讲 预测方法	基于时间序列的预测方法	熟悉中国管理文化与思想	家国情怀
	基于特征的预测方法：回归分析	熟悉中国管理文化与思想	家国情怀

第十一章 "产业组织学"课程思政
教学指南

一、"产业组织学"课程的专业教学体系与课程思政教学目标

(一)"产业组织学"课程简介

1. 课程主要内容

产业组织学研究资源在产业内的优化配置,重点研究同一产业内企业的竞争和合作关系。本课程将向学生系统阐述产业组织学的理论,并对其中的一些模型进行推导和解释,使学生对产业组织学的内容有系统和更深的掌握。同时,通过本课程的学习,加深学生对现实中涉及产业组织范畴的经济问题和公共政策的理解,为今后学习经济学领域的其他专业课提供启发,也为学生今后的工作提供有力的产业组织分析工具。

"产业组织学"课程主要包括以下几部分内容:

(1)应用博弈论的分析框架对寡头市场的产量、价格竞争以及合谋进行分析。

(2)进入和市场结构的理论介绍,包括进入成本、竞争强度与市场结构的关系,市场结构与市场势力的关系,以及由此导致的进入对社会福利的影响和进入规制的相关内容。

(3)分析不完全竞争市场中企业的竞争策略,包括企业兼并、市场排挤、纵向关系、产品差异化、创新等内容。

(4)市场失灵与公共政策,包括反垄断法、政府规制等公共政策的目标和相应的实施措施。

2. 专业教学目标

产业组织理论对于维护市场的公平竞争秩序、提高市场运行的效率提供了非常有力的理论支撑。从这个维度看,"产业组织学"是一门非常重要的应用性课程,本课程拟通过教学创新,实现如下目标:

第一,突出财经类特色,以微观经济学为基础,介绍产业组织学的基础理论框架和内容,使学生理解微观市场运行和最终的市场运行效率,拓宽学生视野,增强学生的学习兴趣。

第二,加大对基础知识概念,特别是微观经济学理论的阐述,使学生能够应用博弈论的分析框架,更为深刻地理解产业中企业的竞争行为和公共政策。本课程尝试将产业组织学的前沿研究融入教学,让学生能接触到最新的学术观点。

第三,本课程注重理论联系实际。通过对现实产业中的企业竞争分析,引入最新案例,采用案例教学等方法来帮助学生更好地理解市场势力的成因和反垄断法、政府规制等公共政策的目标及相应的实施措施。

3. 教材与课程特色

本课程的教材采用了刘易斯·卡布罗著的《产业组织导论》,同时选用了辅助教材《产业经济学教程》,后者入选了教育部普通高等教育精品教材和普通高等教育"十一五"国家级规划教材。

"产业组织学"是一门应用性学科,其课程特色在于以学生为中心优化产业组织的课程内容,引导学生主动思考与分析我国的反垄断和政府规制问题,培养学生解决复杂经济问题的综合能力。本课程将通过教研互动,在保证厚理论基础的前提下,广泛吸收产业组织领域的最新科研成果和前沿理论知识,及时反映实践特别是中国实践的最新趋势,如互联网平台经济的反垄断、企业市场策略和合规问题等,动态调整和优化教学内容,调动学生的学习积极性,促进学生的自主学习能力和解决复杂经济问题的综合能力不断提升。

(二)"产业组织学"课程思政特征分析与教学目标

1. "产业组织学"课程思政特征分析

"产业组织学"是一门应用性学科,主要为反垄断和政府规制提供经济学分析理论依据与实证支撑。在现实经济中的微观市场上,企业的竞争和市场行为是多样化的,"产业组织学"给学生提供强大的理论分析框架,用来理解现实市场中的运行状况和整体的社会福利结果。因此,"产业组织学"课程的思政特点是贴近现实,贴近社会经济运行,以中国市场和竞争为着眼点,与时俱进,不断开发本土案例,寓德于课,将社会主义核心价值观有效融入具体的课程内容,激发学生从中国经济实践的角度理解企业的市场行为和政府的公共政策含义,培养学生的社会公平感和正义感,培养学生树立正确的世界观、人生观和价值观,发挥课程思政的价值引领作用。

2."产业组织学"课程思政教学目标

本课程拟通过思政建设,实现如下目标:

第一,在产业组织课程体系的设计中,将马克思主义、社会主义核心价值,中华优秀传统文化有机植入课堂教学,注重课程思政的引领作用。一方面传递社会主义核心价值观,强化学生的文化自信;另一方面使学生在学习的过程中领略中华民族优秀传统文化对现实企业竞争的影响。

第二,在课程设计中植入产业组织的前沿发展内容,包括产业组织学科前沿的发展动态,经济转型及技术发展对企业市场竞争和社会福利带来的影响,使学生客观理性地看待市场竞争,监督企业合法合规经营,理解企业的创新创造与企业家精神,以及企业应承担的社会责任。

第三,以学生为中心,以当前中国经济的现实产业组织问题为导向,重新梳理知识点,使课程内容更具有针对性、成效性,使学生有代入感,从而培养学生整合知识、解决问题的应用能力;同时使学生树立公民意识,培养学生的公平正义思想。

"产业组织学"课程思政元素与知识点的关联如表 11-1 所示。

表 11-1　　　　　　　　"产业组织学"课程思政元素与知识点的关联

一级指标	二级指标	与本课程知识点的关联
社会责任	具有社会责任感	掌握社会责任的构成与内涵,理解社会责任在经济社会发展过程中的重要作用,理解企业等经济组织通过承担社会责任所创造的社会价值以及对企业和国家的意义,使学生关注社会利益,勇于担当,具备社会责任感

一级指标	二级指标	与本课程知识点的关联
家国情怀	关注国情与民生	爱国情感内化于心,外化于行。热爱祖国,关注国家发展的历史、现状与未来。了解国家谋求发展和人民追求幸福的过程中面临的重大挑战和机遇,并运用产业组织专业知识进行分析和思考,学以致用,为实现中华民族伟大复兴而奋斗。通过案例教学、课堂讨论等形式,使学生理解我国政府的一系列公共政策对维护市场公平竞争和提升整体社会福利的重要意义
	坚定文化自信	文化自信是一个民族、一个国家对自身文化价值的充分肯定和积极践行,并对其文化的生命力持有的坚定信心。通过客观分析和理解中国反垄断法和政府规制实践取得的成就,从内心深处认同国家的思想文化和社会制度,树立高度的文化自觉和文化自信,弘扬民族精神,厚植家国情怀
共同体理念	关注中国的全球化	理解中国与世界的关系对中国和全世界的发展都意义重大。理性分析和理解中国企业的全球化竞争与合作,不断加深对中国与世界关系的认识,思考和探索中国与世界的良性互动
	全球最佳实践	具备国际视野,放眼全球,了解全球的公共政策。植根中国,思考在推动我国的反垄断和政府规制中如何更好地借鉴国际经验。以开放的心态和包容的理念,学习和传播最佳市场监管实践
科学精神	具备客观理性精神	理解产业组织学的基本规律和客观真理,认识企业与企业、企业与政府主要关联关系的互动规律和模式,以客观和辩证的理念思考并理解产业组织理论与实践
	具有创新创造与企业家精神	勇于探索、勇于创新,在学习和实践过程中敢于迎接挑战,提出创新的思想,运用产业组织理论尝试创新的公共政策方案。敢于批评,勇于反思,以求真的精神开拓理论与实践
法治意识	合法合规	具有法治意识,能辨识和理解反垄断法中的法律法规问题,并以合法合规为底线,充分理解合法合规对于企业生存发展、经营管理的关键意义
	公平正义	理解公平正义就是社会各方面的利益关系得到妥善协调,社会公平和正义得到切实维护和实现。理解公平正义所内含的规则平等、程序合理、机会公平、程序公平、结果分配公平,以及社会正义、政治正义和法律正义。深入思考如何通过公共政策构筑一个公平正义的市场竞争环境,使学生具备公平正义的意识、参与公平正义的能力和依法追求公平正义的行为

一级指标	二级指标	与本课程知识点的关联
法治意识	诚信敬业	社会主义核心价值观强调重信守诺,诚信需要以职业操守和合法合规的市场行为体现在企业的市场竞争中,以专业学习为基础,敬业、爱业、积极向上

二、"产业组织学"各章节课程思政教学指南

第一讲　产业组织导论

■ 专业教学目标

1. 初步了解产业组织学的主要研究内容和知识框架体系。

2. 能够区分产业政策和公共政策,理解两种政策的实施目的及其在现实中的运用。

■ 思政元素分析与相关知识板块

教学内容:第一,在产业组织层面对产业进行界定;第二,介绍产业组织学关注的核心问题,包括市场势力、效率和社会福利、公共政策等一系列基础概念;第三,介绍"产业组织学"课程的基本脉络和框架体系;第四,回顾微观经济学相关内容。

主要思政元素:社会责任和法治精神。帮助学生树立公民意识,回报社会,并理解企业必须合法合规经营,弘扬社会正义。

思政涉及的相关知识板块:市场势力,为什么政府需要干预经济和企业的市场行为,干预的依据以及在现实中的干预方式。

■ 课程思政的教学实施方案

教学方式:课堂讲授与案例讨论相结合。

启发式教学:市场势力为何会导致市场失灵? 政府应如何抑制企业的市场势力以提高社会的整体福利?

知识点:市场势力和公共政策。首先在产业组织层面对产业进行定义,然后

通过一个具体的药品定价案例,向学生展示企业市场势力的定义和来源。进一步讨论市场势力的福利结果,指出企业的市场势力会导致社会福利的损失,从而产生市场失灵。因此,需要政府通过公共政策的干预来改善市场的结果,从而提升社会福利。在公共政策下,企业必须合法合规经营。

第二讲 企 业 理 论

■ 专业教学目标

1. 了解企业的目标。

2. 理解企业边界的决定因素。

3. 理解不同企业之间产生差异的原因。

■ 思政元素分析与相关知识板块

主要思政元素:社会责任,要求学生理解企业不仅要实现利润最大化的经济目标,而且要承担社会责任,具有社会责任感。

思政涉及的相关知识板块:企业的目标,包括企业的经济目标和社会目标。

■ 课程思政的教学实施方案

教学方式:问题导向的启发式教学与案例相结合。通过问题"企业是否以利润最大化为目标"来引出本课程探讨的企业目标内容,让学生理解委托-代理问题以及现实中的解决方法。进一步启发学生思考企业是否应承担社会责任,以及应承担哪些社会责任。最后通过一个具体的公司治理案例,帮助学生更为直观地理解本课程的思政内容。

第三讲 市场失灵和公共政策

■ 专业教学目标

1. 理解外部性和信息不完全如何导致市场失灵。

2. 掌握垄断企业的定价和福利损失等微观经济学内容,使学生能够掌握支配性企业的定价策略,并分析支配性企业与垄断企业的区别和关联,对垄断和垄断势力进行辩证分析。

3. 初步了解规制目标、各种不同的经济规制手段及其相应的特征，重点掌握对必需设施行业中的有效成分接入定价的规制方法。

4. 介绍针对垄断的公共政策，包括国内外的反垄断法和竞争政策，使学生能够将所学的内容运用到现实中去，分析若干现实中的主导行业或规制行业，并能了解如何针对不同的理论进行经验检验。

■ 思政元素分析与相关知识板块

主要思政元素：法治精神，使学生具备公平正义和合法合规的意识。引导学生理解垄断定价对社会造成的福利损失，以及政府如何通过反垄断法和政府规制等公共政策来干预企业定价，以实现公平正义。

■ 课程思政的教学实施方案

通过课堂讲授和讨论，引导学生回答"政府规制的理论基础是什么？不同的政府规制方法如何减少社会的无谓损失？"通过一些现实中垄断企业的例子，让学生重温垄断定价方法以及垄断定价的福利效应。然后结合现实中的市场情境，通过讨论现实中主导行业、规制行业和必需设施的不同类型，让学生立足于现实，结合理论，设身处地地思考垄断的福利损失，以及政府规制的理论基础和方法。

第四讲　价　格　歧　视

■ 专业教学目标

1. 了解价格歧视的含义、主要的价格歧视分类及不同类型价格歧视的主要区别。

2. 讨论价格歧视与非价格歧视的不同之处以及价格歧视的合法性问题。

■ 思政元素分析与相关知识板块

主要思政元素：法治精神和家国情怀，重点关注我国现实中的行业存在的价格歧视行为对社会福利的影响，以及这些价格歧视是否违反我国的反垄断法。

■ 课程思政的教学实施方案

通过现实生活中存在的大量"同物不同价"现象，为学生讲解价格歧视的主要类型及其差异,并通过讲授和提问,启发学生积极思考生活中随处可见的价格歧视现象及其背后的原理。此外,结合我国互联网平台的价格歧视行为,引导学生探讨其定价的合法性。

第五讲 博弈论与战略

■ 专业教学目标

1. 求解完全信息下的静态博弈的纳什均衡。

2. 掌握求解完全信息下的二阶段序贯博弈的纳什均衡的方法。

3. 了解不同类型的重复博弈的区别以及均衡的不同。

■ 思政元素分析与相关知识板块

思政元素:科学精神,主要表现为客观理性精神,使学生理解博弈论的前提是参与方具有理性,以及理性的参与人为何陷入囚徒困境;在此基础上,如何通过改变博弈的方式达成合作,实现博弈双方的帕累托改进。

■ 课程思政的教学实施方案

首先,通过一些具体的博弈论案例,讲授博弈论的基本概念和求解均衡的分析方法,让学生理解纳什均衡的含义,并掌握静态博弈下的纳什均衡求解方法。然后,应用逆向归纳法求解序贯博弈的精炼纳什均衡。最后,让学生理解有限次重复博弈与无限次重复博弈的区别,并认识到这两种博弈的均衡结果的不同。

以博弈论的知识讲授作为基础,结合囚徒困境的实际课堂演练,让学生主动探求课程思政问题的答案,并由教师将问题延伸到现实经济中的一些企业竞争与合作问题,引起学生的深层思考。最终,上升至社会的协调与合作的高度,引入《京都议定书》的案例,向学生展示如何通过有效的机制设计来达成国际社会的碳减排合作。

第六讲 合 谋

■ 专业教学目标

1. 理解重复博弈与合谋协议稳定性的关系。

2. 从合谋的视角来理解某些现实中的"价格战"。

3. 了解哪些因素有利于合谋。

■ 思政元素分析与相关知识板块

主要思政元素：家国情怀，主要表现为关注国情，对中国企业的合谋案例及反垄断的处罚进行阐述。

涉及的知识板块：哪些因素有利于合谋以及针对合谋的公共政策。

■ 课程思政的教学实施方案

通过知识讲授与案例介绍的结合，首先介绍一个无限次的重复博弈以探讨企业间合谋的稳定性和合谋的表现形式，然后引导学生从合谋的视角来正确看待现实中的"价格战"行为，接着从市场结构、制度因素等方面来分析哪些因素促进了现实中的合谋。在此基础上，结合我国反垄断法中的企业合谋案例，使学生了解我国反垄断法中的合谋相关法规。

第七讲　市　场　结　构

■ 专业教学目标

1. 掌握进入成本与市场结构的关系。

2. 能够区分内生进入成本与外生进入成本。

3. 能够正确理解竞争强度、市场结构与市场势力的逻辑关系。

4. 能够分析进入对社会福利的影响，从而理解不同行业中进入规制政策的目的。

■ 思政元素分析与相关知识板块

主要思政元素：法治精神和家国情怀，主要表现为公平正义，以及关注国情。

相关知识板块：进入的福利损失和进入规制。

■ 课程思政的教学实施方案

采用课堂讲授与问题讨论相结合的教学方法。首先通过理论的推导来发现集中度与市场势力的内在逻辑关系，进而探讨进入成本对市场结构的影响。接着引用啤酒行业在不同国家的市场结构的表现来说明内生进入成本和外生进入成本的概念,并通过现实中多国不同产业的市场结构经验证据来表明不同类型的进入成本对市场结构的影响。进一步地,引导学生探讨竞争强度如何影响市场结构,并推导弹性和勒纳指数公式,帮助学生理解集中度与市场势力的逻辑关系。此外,介绍实证中对集中度与市场势力的关系检验,指出集中度对市场势力和市场绩效的直接影响,以及市场行为和市场绩效对市场结构的反作用影响效应。最后通过思政问题"如何理解我国政府对于新兴产业如医美行业的进入规制?"启发学生思考企业的进入对社会福利的影响,以及我国政府为什么要对特定行业实施进入规制。

第八讲 兼 并

■ 专业教学目标

1. 掌握横向兼并的经济效应。

2. 理解横向兼并的动态特征。

3. 讨论不同国家横向兼并的公共政策。

■ 思政元素分析与相关知识板块

主要思政元素:共同体理念和法治精神。

相关知识板块:兼并政策实践,使学生具备国际视野,关注中国的全球化,理解企业在全球化过程中所需遵循的各国兼并法规。

■ 课程思政的教学实施方案

首先在不同的兼并案例的基础上,介绍不同的并购类型,然后将重点放在横向并购上,通过层层递进的方式,介绍横向兼并的单边效应和协同效应,最后对我国商务部针对世界三大集装箱货运公司的兼并协议的执法案例进行讨论,增强学生对产业组织理论与我国反垄断兼并政策执法之间相关性的理解。

第九讲 市 场 排 挤

■ 专业教学目标

1. 了解通过产能扩张、品牌组合等遏制其他企业进入的方式,掌握遏制外部企业进入的理论依据。

2. 理解现实中企业通过合约排挤竞争对手的种种策略。

3. 掌握掠夺性定价的概念,针对掠夺性定价的不同观点,简单分析和判断现实中的掠夺性定价案例。

4. 了解针对企业排挤行为的公共政策。

■ 思政元素分析与相关知识板块

主要思政元素:家国情怀、共同体理念和法治精神。

相关知识板块:针对企业排挤行为的公共政策,使学生了解发达国家反垄断法中对企业市场排挤行为的处理经验,以及中国反垄断法中对企业排挤行为的做法。植根中国,思考如何借鉴国际经验来促进企业合法合规经营。

■ 课程思政的教学实施方案

从社会福利的角度分析掠夺性定价的合理性和合法性问题,并比较我国与发达国家对企业掠夺性定价行为的公共政策。讲授要结合现实的经济问题,结合图形和理论推导,把基本概念和原理讲解透彻。针对掠夺性定价,讲授不同的产业组织学派关于掠夺性定价的理论分析框架及其观点,并通过美国航空公司的掠夺性定价案例进行社会福利的讨论,最后比较国内外的掠夺性定价公共政策内容的异同。

第十讲 纵 向 关 系

■ 专业教学目标

1. 分析上下游企业之间纵向分离的情况下出现的双重加价和两部制资费问题。

2. 讨论产销关系中的零售商之间竞争、营销投资存在的外部性、如何间接控制零售商等问题。

3. 分析生产商之间竞争的情形下出现的外部性问题和可能作为合谋手段的纵向约束。

4. 介绍纵向约束的相关公共政策。

■ 思政元素分析与相关知识板块

主要思政元素:家国情怀,主要表现为关注国情,并坚定文化自信。

相关知识板块：关于纵向约束的公共政策。

■ 课程思政的教学实施方案

通过理论和案例分析，让学生理解纵向一体化和纵向分离的利弊，以及现实中上游与下游厂商之间的竞争或合作的纵向关系。启发学生积极思考产业组织理论对纵向关系问题的认识，介绍国内外公共政策对纵向约束的看法和具体实践，并运用我国互联网领域中腾讯音乐独家版权的实际案例，分析纵向约束行为的合法性问题。

第十一讲 产品差异化

■ 专业教学目标

1. 理解产品差异化的重要性、横向差异化与纵向差异化的区别。

2. 分析产品差异化与市场势力的关系。

3. 讨论差异产品的竞争，关注产品定位的直接效应和战略效应。

4. 了解不同产品类型以及广告的作用，掌握多夫曼-斯坦纳条件的推导以及应用。

5. 根据不同的行业或市场结构，解释广告与竞争之间的关系，理解广告为何既能促进竞争，又能缓和竞争。

6. 了解针对广告的公共政策。

■ 思政元素分析与相关知识板块

主要思政元素：家国情怀与法治精神。

相关知识板块：广告和消费者保护。启发学生关注国情，了解我国对广告和消费者保护的历史沿革和现状，以及未来改进的方向。强调广告要诚信守诺，理解合法合规对企业生存发展和经营管理的重要意义。

■ 课程思政的教学实施方案

给出国内外不同厂家的代表性广告的例子，以及有关广告开支的统计数据来阐述广告的作用、广告强度的决定因素、广告与产品差异化（品牌）的逻辑关系、广告与价格竞争的关系等，引导学生讨论当前我国消费者面临哪些典型的广告欺诈行为，并思考由此引发的对消费者保护的相关政策法规。

第十二讲　创　　新

■ 专业教学目标

1. 理解市场结构与创新激励的关系。

2. 介绍企业不同的创新策略。

3. 了解针对创新的公共政策,包括鼓励创新的公共政策,如专利制度。

■ 思政元素分析与相关知识板块

主要思政元素:科学精神和共同体理念,主要表现为创新创造。

相关知识板块:企业的创新策略,以及针对创新的公共政策。

■ 课程思政的教学实施方案

引导学生关注我国当前的企业技术创新现状以及存在的关键技术"卡脖子"问题,并激发学生讨论我国在实现关键核心技术自主可控方面有哪些可行的政策。

三、"产业组织学"课程思政元素总览表

表 11-2　　　　　　　　　　"产业组织学"课程思政元素总览

课程章节	主要教学内容	主要课程思政元素	专业思政维度（一级指标）
第一讲 产业组织导论	企业的市场势力	理解企业市场势力对市场效率的损害,以及企业通过合法合规经营、承担社会责任对整体社会福利的积极作用和对国家的重要意义	社会责任 法治精神
	反垄断法与政府规制	辨识和理解反垄断领域的法律法规问题,以合法合规为底线,充分理解合法合规对企业发展和经营管理的关键意义,反垄断法和政府规制所包含的规则平等、机会公平、程序公平和社会正义	法治精神
第二讲 企业理论	企业的目标	理解社会责任在经济社会发展中的重要作用以及企业承担社会责任所创造的社会价值	社会责任

课程章节	主要教学内容	主要课程思政元素	专业思政维度（一级指标）
第三讲 市场失灵和公共政策	垄断定价的福利损失	理解垄断定价对社会造成的福利损失，以及政府如何通过反垄断法和政府规制干预企业定价，以实现公平正义	法治精神
第四讲 价格歧视	价格歧视是否合法	分析不同形式的价格歧视对社会福利的影响，以及这些价格歧视是否违反反垄断法，从而更好地理解企业价格歧视行为背后合法合规、公平正义的含义	法治精神 家国情怀
第五讲 博弈论与战略	囚徒困境：不同博弈下的纳什均衡	具备客观理性精神，通过博弈论的理论框架理解人与人、企业与企业如何在特定的机制下实现合作共赢	科学精神
第六讲 合谋	合谋的影响因素	关注国情，理解和掌握我国反垄断法中对企业合谋行为的认定和处罚，运用专业知识对我国现实中的企业合谋行为进行分析	家国情怀
第七讲 市场结构	进入的福利损失和进入规制	关注国情、公平正义。理解我国相关行业进入规制政策的合理性和合法性问题	家国情怀 法治精神
第八讲 兼并	兼并政策实践	具备国际视野，关注中国的全球化，了解全球的反垄断法，理解企业在全球化过程中所需遵循的各国兼并法规	共同体理念 法治精神
第九讲 市场排挤	企业排挤行为的公共政策	了解发达国家反垄断法中对企业市场排挤行为的处理经验，以及中国反垄断法中对企业排挤行为的做法。植根中国，思考如何借鉴国际经验来促进企业合法合规经营	家国情怀 共同体理念 法治精神
第十讲 纵向关系	纵向约束的公共政策	关注国情、坚定文化自信。了解我国当前对互联网平台中突出的纵向约束行为的反垄断案件和取得的成就	家国情怀

课程章节	主要教学内容	主要课程思政元素	专业思政维度 （一级指标）
第十一讲 产品差异化	广告和消费者保护	关注国情,关注我国对于广告和消费者保护的历史沿革和现状,以及未来改进的方向。强调广告需要诚信守诺,理解合法合规对企业生存发展和经营管理的重要意义	家国情怀 法治精神
第十二讲 创新	企业的创新策略	企业要具有创新创造精神,通过创新策略的实施,推动企业、国家与社会共同发展	科学精神
	创新的公共政策	了解发达国家鼓励创新的经验,思考如何与国际企业实现创新合作,以开放的心态和包容的理念以及人类命运共同体的理念推动我国企业的创新能力进一步提升和发展	共同体理念